国际象棋经典集萃

达米亚诺
鲁伊·洛佩兹
萨尔维奥 } 著
格雷科

J. H. 萨拉特
W. 刘易斯 } 英文编译

庄德君◎编译

经济管理出版社·棋书中心

图书在版编目（CIP）数据

国际象棋经典集萃/庄德君编译．—北京：经济管理出版社，2016.5

ISBN 978-7-5096-4081-4

Ⅰ.①国…　Ⅱ.①庄…　Ⅲ.①国际象棋　Ⅳ.①G891.1

中国版本图书馆 CIP 数据核字（2015）第 289565 号

组稿编辑：郝光明　史思旋
责任编辑：郝光明　史思旋
责任印制：黄章平
责任校对：超　凡

出版发行：经济管理出版社
　　　　　（北京市海淀区北蜂窝 8 号中雅大厦 A 座 11 层　100038）
网　　址：www.E-mp.com.cn
电　　话：(010) 51915602
印　　刷：保定金石印刷有限公司
经　　销：新华书店
开　　本：720mm×1000mm/16
印　　张：16.75
字　　数：309 千字
版　　次：2016 年 5 月第 1 版　2016 年 5 月第 1 次印刷
印　　数：1-3000 册
书　　号：ISBN 978-7-5096-4081-4
定　　价：80.00 元

前　言

国际象棋是一种国际性游戏。它易学难精，永远不会使你兴味索然；它可以怡情养性，陶冶情操，是名副其实的游戏之王。

国际象棋是艺术。当你下国际象棋或观看别人的对局时，你会有一种吟诵诗篇、聆听乐曲、观赏表演的美的享受；当你走出连珠妙招时，你会有一种艺术创作的感觉。

国际象棋是科学。它需要严密的逻辑思维和精确的着法计算。

国际象棋更是一项竞技。它不仅是技能的展示，也是智力、体质和心理的检验。作为竞技，它是最理性、最公平、最有趣、最美妙的竞技。

据说，世界上有关国际象棋的著述比其他任何一种有关体育竞技的书都多，用汗牛充栋来形容已不十分准确，其中不乏经典。所谓经典是指传统的具有权威性的名著。本书所收集的有关国际象棋的著作可以说是经典。

本书的作者都是国际象棋的名手，都一度是世界棋坛的霸主。达米亚诺（Pedro Damiano），葡萄牙棋手，1520 年左右独步棋坛；鲁伊·洛佩兹（Ruy Lopez de Segura），西班牙棋手，1559～1575 年所向披靡；萨尔维奥（Alessandro Salvio），意大利那不勒斯棋手，1600 年左右无人能敌；格雷科（Gioachino Greco），意大利那不勒斯棋手，1620~1634 年独领风骚 15 年。有关他们的详细介绍，请看本书中两位英文编译者的序言。

两位英文编译者，一位是萨拉特（Jacob Henry Sarratt），另一位是刘易斯（William Lewis）。萨拉特是英国棋手，1805~1815 年被认为是国际象棋无冕之王。萨拉特不仅棋下得好，而且有关国际象棋的著述颇丰，被人们尊称为"国际象棋教授"。他还是第一个在英国开班授徒的专业棋手，高徒众多，刘易斯就是其高徒之一。刘易斯是英国棋手，是继萨拉特之后的世界顶尖棋手之一，第一个被称为国际象棋"特级大师"，曾一度藏在所谓会下棋的机器中，周游世界，未遇对手。

本书中的原著，有的是意大利文，有的是西班牙文，两位英文译者分别把它们编译成英文。萨拉特编译的书名是《达米亚诺、鲁伊·洛佩兹和萨尔维奥的国际象棋著作》（The Works of Damiano, Ruy-lopez, and Salvio on the Game of Chess），刘易斯编译的书名是《格雷科的国际象棋著作：增加许多评论对其批评和解释》（Gioachino Greco on the Game of Chess: To Which Is Added, Numerous Remarks, Critical and Explanatory）。两位编译者都删去了原著中不十分重要的章节，留其精华，增加大量评注。这两个英文编译本，在原来经典的基础上，本身又成为经典，一百年来，一版再版，风行欧美。

本书在两个英文编译本的基础上，再删去极少的无关紧要的内容，汇集成一册，呈献给中文读者。

本书的精妙，读者可参阅两个英文编译者的序言，在此不予赘述。

译者希望本书对各类棋手都会有所裨益，不仅可以提高棋艺，还可增加知识。阅读本书，不时会有难以预料的惊喜。

本书的翻译，不仅对国际象棋的学习和提高有帮助，还对世界优秀文化遗产的传承有贡献。

译者虽然有编译出版国际象棋图书的经历，但限于各方面的水平，谬误和不当之处在所难免，还望方家和广大读者不吝赐教。

庄德君
2016 年元月

目　录

第一部

达米亚诺、鲁伊·洛佩兹和萨尔维奥的国际象棋著作

英文编译者萨拉特序

《达米亚诺、鲁伊·洛佩兹和萨尔维奥的国际象棋著作》英文版编译出版之际，编译者认为理应向读者谈一谈促使编译者编译此书的原因。

主要原因当然是这些著作精妙绝伦、众口皆碑。编译者经常专心致志把玩、审视这些著作中的全部棋局，留下深刻的印象就是坚信这些棋局能有效地帮助棋艺尚不娴熟的棋手迅速得到提高，能使棋艺比较娴熟的棋手从中受益匪浅，对那些极具天赋和资质的棋手，若想成为令人惊羡的一流棋手，更是不可或缺的"葵花宝典"。

许多业余棋手耳闻这些著作，也有个别棋友见到过珍贵的原版，他们都急不可耐地希望早日一册在手。在英国甚至欧洲任何地方都很难（若不是不可能）找到这些著作，他们对此抱憾不已。早在1804年，编译者的一些朋友都愿意出高价从书商那里购得此书，但千方百计，夙愿难偿。

据此，编译者相信，这个英译本定会大受欢迎。

必须指出的是，编译者仅翻译了棋局、变例和指出特殊着法及局面的注释，所有有关历史和无关紧要的材料都略而不译，主要是不想让本书成为厚厚一册。

比较而言，达米亚诺和洛佩兹著作中历史部分微不足道，萨尔维奥著作中历史部分却分量不小。

偶尔也摘取一些妙趣横生的内容。

本书的一些棋局中采用"意大利式王车易位"方法，对某些业余棋手可能是不可逾越的障碍。有人会问："我为什么要学习在我们国家从来都不使用的棋局？"这个疑问似乎有点道理。然而，编译者不揣冒昧地认为，这个说法，若仔细思量，是站不住脚的。很容易证明，可自由选择不同王车易位方法的局面在固定的王车易位方法的对局中也会出现，在这些情况下，棋局当中所提供的着法当然极其有用。为了讨论，我们假设，即使这些局面不会出现，所推荐的非常巧妙的着法也毫无疑问能帮助棋手得到很大的提高。演习困难残局或复杂排局有助于棋艺提高，即使这些局面永远不会出现或者从来就没有出现过。

顺便补充一下，三位作者的著作中，绝大多数棋局不包含"意大利式王车易位"方法。

编译者仍然认为，"意大利式王车易位"方法比"卡拉布里斯塔走法"（只把王走两格）优越许多。编译者并认为，许多棋手认真研读萨尔维奥著作以后都会赞同编译者的观点。

达米亚诺

达米亚诺是著书立说帮助人们学习国际象棋的第一人。他著作的名称是"Libro da iparare Giocare a Scachi in Lingua Spagnola & Taliana novamente Stampato"。

特威斯先生说："这是 128 页 12 开本小册子，没有人名，没有日期，没有地点。在书名页上，有一个粗糙的木刻印刷图片，图片展示一个牧师和一个和尚正在下国际象棋。此书三分之一是用意大利语写的，内容包括一些国际象棋规则，其余部分收集了一些奇怪的残局（西班牙词是 primores），每一页都有一个棋盘在中间，上面的解释用意大利语，下面的解释用西班牙语，棋盘上的图形刻印得很差，没有一局能看得清楚。"

这本书收藏在国王图书馆，在皇家协会也有同样一本，是收藏的有关国际象棋的唯一一本书。我曾有幸看到另一版本，由谢瓦利埃·德·平托出版，普通印刷，也是没有时间和地点，与第一个版本几乎完全一样，只是结尾印有——Laus Deo. Finisse el libro da imparare giocare a Scachi & delle partite. Coposto per Damiano Portughese。

洛利曾提到这个版本，说是 1524 年在罗马印刷的。

有关国际象棋起源的各种说法中，达米亚诺提到一种说法，Altri dicano che fureno doi fratelli liquali se chiamareno Lidio & Tirreno, liquali afflitti con una grande fame per passare el tempo & non patire tanta fame & aflittione ordernarno qesto gioco & cosi se passarno quello infortunio de modo che con qsto gioco passaveno il tempo & non mangiaveno se non tre volte in duoi giorni。

翻译成中文就是：有人说，曾经有两兄弟，一个叫利迪埃，另一个叫蒂尔雷诺，受到饥饿难耐困扰，发明了这个游戏。游戏中，他们全神贯注，忘了饥饿，两天仅吃三顿饭，度过了难熬的日子。

编译者拥有的版本是 1564 年在威尼斯印刷的，标题是 Libro da imparare a giocar a Scachi, con bellissimi partiti, 7 molten suttilita. Revisto, et Corretio, con summa diligentia, da molti famosissimi Giocatori. In lingua Spagnola & Taliana, anovamente Stampato. In Venetia – Appresso Steffano Zazzara. M. D. LXIIII。

这本书分为十章。第一章包括棋子的名称，棋子在棋盘上的位置，及一些普通规则；第二章标题是第一种游戏方法（Del primo modo di giocare），即王兵开局；第三章有关第二种游戏方法，即后兵开局；第四章有关让一兵换一先的游戏方法；第五章包含让一兵一先的棋局；第六章含有让一马换一兵和一先的棋局；第七章包含让马局；第八章收入"微妙着法"（tratti suttili），粗俗的西班牙词称为 primores，共有十六局；第九章包含他的非常著名的残局，达米亚诺称之为 Giochi de i partiti，总共六十八局；第十章也就是最后一章是下盲棋技艺要点。

在这十章中，编译者仅翻译了七章，没翻译第一章是因为编译者认为缺乏有教育意义和令人心欢的内容。谈到国际象棋中的兵时，达米亚诺说："El movimento della pedona e la prima volta andare tre case se vole"，毫无疑问，它包括兵摆在原始位置的格位。

编译者略去第八章和第九章，是因为坚信，所有达米亚诺的"微妙着法"和残局都发表过了。在洛利、里奥、佐齐奥、斯塔玛著作中，以及法语《国际象棋战略》一书中都可以找到。

这些残局，绝大多数展现的高超技艺无与伦比。

令人奇怪的是，特威斯先生没有提到达米亚诺有关如何下盲棋的指导。编译者拥有的版本中，有几页紧凑印刷的这方面的内容，其标题是"Dell arte del giocare alla mente"。

达米亚诺著作的绝大部分内容于 1562 年翻译成英语在伦敦出版，标题为"令人愉快、启迪智慧的国际象棋更新。最近由意大利语翻译成法语，现在詹姆士·罗博瑟姆又翻译成英语。1562 年在伦敦印刷"。

这个版本极其珍稀，编译者在奥德利大人独生子塔切特家中见到唯一一册。

洛佩兹

鲁伊·洛佩兹著作的第一版 1561 年以西班牙语出版，标题是 "Libro de la Invencion liberal y Arte del juego del Axedrez, por Ruy-Lopez de Sigura, clerigo, vezinodela villa Cafra. Dirigida al muy illustre Senor Don Garcia de Toledo, ayo y mayordomo del serenissimo principe don Carlos nuestro Senor"。

这本著作包含六十二个棋局，其中，二十四局摘自达米亚诺著作。编译者耳闻（没见到）唯一一册收藏在布鲁尔伯爵图书室中。

大英博物馆收藏一册鲁伊·洛佩兹著作，全是意大利文，1584 年印刷。

编译者拥有的一册是法语译本，1655 年在布鲁塞尔出版，几年前塔切特送给编译者。

洛佩兹试图批评达米亚诺，但他的技艺不如达米亚诺，而他的棋局可能比达米亚诺的更有教益，因为洛佩兹收录了更多的变例，必须承认，其中一些棋局走得非常好。

洛佩兹钟爱的开局似乎是双方王翼象走到 c 线以后，第四步 f 兵挺进两格，并且把后走到 h 线。这是弃兵局的一种，大概比普通弃兵局更安全一些，因为接受弃兵的兵不能得到有效的支撑。格雷科收录了几局这种棋局，都是摘自洛佩兹著作。

大英博物馆收藏的洛佩兹著作包含许多让一兵和一先、让马等棋局，都与达米亚诺著作中的棋局差别不大。

萨尔维奥

萨尔维奥的著作可能是当时最好的有关国际象棋的著作，标题是 "Il Puttino altramente ditto, il Cavliero Errante, del Salvio, sopra el gioco de Scacchi, Napoli, 1604"。这本著作的第一部分包含有关国际象棋历史的内容，有关杰出棋手的许多趣闻轶事，特别是关于莱昂纳多的趣闻轶事。第二部分包含许多棋局和残局。

莱昂纳多小的时候就很擅长国际象棋，因此得一称号叫 "ill Puttino"（神童）。1874 年，莱昂纳多在罗马，恰逢鲁伊·洛佩兹也到罗马向教皇格雷戈里十四世恳求一空缺圣职，他们二人连续下了两天棋，最终，莱昂纳多被击败。

　　莱昂纳多非常懊恼，立即离开罗马，到了意大利西部港市那不勒斯，在那里，专心致志研究了两年国际象棋，然后回到家乡卡拉布里亚的楚特里。莱昂纳多听说他哥哥被海盗劫为人质，立即前往救赎。莱昂纳多与海盗船长达成协议，交二百克朗就立即放人。海盗船长是个国际象棋迷，两人赌棋，莱昂纳多不仅赢回赎金，还多赢了二百克朗。后来，莱昂纳多周游热那亚、马赛、巴塞罗那及马德里各地，击败所有那些城市的国际象棋顶尖高手。在马德里，莱昂纳多与以前战胜过他的宿敌鲁伊·洛佩兹狭路相逢，在菲利浦二世面前两人展开激战。这第二次对抗赛与第一次截然不同，莱昂纳多获胜，得到国王送给他的珍贵礼物。

　　在里斯本，莱昂纳多战胜了一位名叫莫罗的顶尖棋手，国王不仅给予他丰厚奖赏，还授予他游侠骑士封号。

　　莱昂纳多返回意大利，遇到著名棋手保洛·博伊，与他连续激战三天。保洛·博伊走弃兵局，莱昂纳多接受弃兵，然后保护那个兵。头两天，双方所胜局数相等，第三天，保洛·博伊败北，但萨尔维奥承认，保洛·博伊身体不适，不在状态。

　　令人吃惊的是，两位棋手都被毒杀。莱昂纳多46岁时在卡拉布里亚比西格纳诺王子宫中被毒杀。保洛·博伊1598年70岁时被他的仆人毒杀，他的仆人认为他非常富有。

　　极少数例外，萨尔维奥的棋局备受推崇，广为演习。他所有的弃兵局都被写国际象棋书的棋手模仿复制，甚至格雷科和菲利多尔也模仿复制。

　　以萨尔维奥弃兵局命名的棋局变化着法非常多，展示的技艺非常高超，当然不如进攻方弃马局那样富有指导意义。

　　编译者再一次坚信，这三位杰出棋手的著作定会受到广大棋手推崇。带着这一美好愿望，欣然将这一译本付梓。

布鲁姆伯利王后街

1813 年 4 月

第一部分　达米亚诺著作

第一局

1. e4 e5　2. Nf3 Nf6　3. N×e5 N×e4　4. Qe2 Qe7

如果黑马撤回，则 5. Nc6 闪将得后。

**5. Q×e4 d6　6. d4 f6　7. f4 d×e5　8. d×e5 Nd7　9. Nc3 f×e5　10. Nd5 Qd6
11. f×e5 Qc6**（图 1）

图 1

如果黑方走 11. … N×e5，则 12. Bf4，黑方必丢一子；如果黑方走 11. …
Q×e5，则 12. Q×e5 N×e5　13. N×c7+得车。

12. Bb5 Qc5

黑方如走 12. ··· Q×b5，则 13. N×c7+得后。

13. Be3（图 2）

图 2

也可以走 13. b4。黑后无处可逃。

第一局变例

从黑方第 11 步开始变。

**1. e4 e5 2. Nf3 Nf6 3. N×e5 N×e4 4. Qe2 Qe7 5. Q×e4 d6 6. d4 f6
7. f4 d×e5 8. d×e5 Nd7 9. Nc f×e5 10. Nd5 Qd6 11. f×e5 Qc5 12. Be3
Qa5+ 13. Bd2**（图 3）

图 3

不用象垫将，走 13. b4 可以节省时间。

13. ··· Qc5　14. b4 Qc6　15. Bb5 Qg6　16. Q×g6+ h×g6　17. N×c7+（图 4）

图 4

黑方丢车必败。

第二局

1. e4 e5　2. Nf3 Nc6　3. Bc4 Bc5　4. c3 Nf6　5. d3 d6　6. Rf1 Bg4（图 1）

图 1

如果黑方走 6. ··· Be6，则 7. B×e6 f×e6　8. Qb3。

7. Qb3 Na5　8. B×f7+ Kf8　9. Qa4 K×f7（图 2）

图 2

或者走 9. ··· c6　10. b4（走 10. Ng5，再 Ne6+更好）10. ··· K×f7　11. Q×a5 等。
10. Q×a5

第三局

1. e4 e5　2. Nf3 f6　3. N×e5 f×e5　4. Qh5+ g6　5. Q×e5+ Qe7　6. Q×h8 Q×e4+　7. Kd1（图 1）

图 1

第三局变例

从黑方第 4 步开始变。

1. e4 e5　2. Nf3 f6　3. N×e5 f×e5　4. Qh5+ Ke7　5. Q×e5+ Kf7　6. Bc4+ Kg6　7. Qf5+ Kh6　8. d3+ g5　9. h4 d5　10. h×g5+（图 2）

图 2

如果走 10. Qf7，黑方避免不了三步将杀。

10. … Kg7　11. Qe5+ Nf6　12. g×f6+ Q×f6　13. Q×f6+ K×f6　14. e×d5
（图 3）

图 3

白方七兵对黑方四兵。

第三局变例的变着

从黑方第六步开始变。

1. e4 e5　2. Nf3 f6　3. N×e5 f×e5　4. Qh5+ Ke7　5. Q×e5+ Kf7　6. Bc4+ d5　7. B×d5+ Kg6　8. h4 h6　9. B×b7 Bd6（图4）

图 4

黑方若吃白象则被将杀。

10. Qa5（图5）

图 5

黑方必丢一子。

第四局

达米亚诺在 16 世纪就教人如何走后翼弃兵，证明这种着法不是斯塔玛（生活在 18 世纪）发明的。看来菲利多尔采纳了错误的观点，把这种弃兵叫做"阿莱波弃兵"，因为斯塔玛是阿莱波人。

1. d4 d5　2. c4 d×c4　3. e4 b5 4. a4（图 1）

如果黑方接走 4. … b×a4，则 5. B×c4，再走 Nc3，白棋远远优于黑棋。

4. … c6　5. a×b5 c×b5　6. b3 c×b3 7. B×b5+ Bd7　8. Q×b3 B×b5　9. Q×b5+ Qd7　10. Q×d7+ N×d7（图 2）

图 1

图 2

第五局

展示应对让王翼象前兵先走的最好方法。

1. ··· e5（图 1）

图 1

黑方让象前兵，先走。

2. e4 Nf6　3. f4 N×e4　4. Qh5+ g6　5. Q×e5+ Qe7　6. Q×h8 Ng3+
7. Be2 N×h1　8. Qe5（图 2）

图 2

兑后以后，黑马必丢。

第五局第一变例

从黑方第三步开始变。

1. ⋯ e5　2. e4 Nf6　3. f4 e×f4　4. d4 N×e4　5. Qh5+ g6　6. Qe5+ Qe7 7. Q×h8 Ng3+　8. Be2 N×h1　9. Qe5（图 3）

图 3

第五局第一变例的变着

从黑方第 7 步开始变。

1. ⋯ e5　2. e4 Nf6　3. f4 e×f4　4. d4 N×e4　5. Qh5+ g6　6. Qe5+ Qe7 7. Q×h8 Qh4+（图 4）

图 4

8. Kd1 Nf2+　9. Ke2 N×h1　10. Qe5+ Be7　11. Q×f4（图 5）

图 5

无论黑方是否兑后，都将丢马。

第五局第二变例

从黑方第 4 步开始变。

1. ··· e5　2. e4 Nf6　3. f4 e×f4　4. d4 g5（图 6）

图 6

5. e5 Qe7　6. Qe2 Nd5　7. c4 Qb4+　8. Kf2 Ne7

或者走 8. ··· Nb6。

9. Qh5+ Kd8　10. Q×g5（图 7）

图 7

然后再吃掉 g4 黑兵，白棋远远优于黑棋。

第五局第二变例的变着

从黑方第 7 步开始变。

1. … e5　2. e4 Nf6　3. f4 e×f4　4. d4 g5　5. e5 Qe7　6. Qe2 Nd5　7. c4 Nb4　8. d5 Bg7　9. a3 N4a6　10. Nf3 g4　11. Nd4 B×e5　12. Nf5 Qf6　13. B× f4 Q×f5　14. B×e5 Rg8（图 8）

图 8

走王车易位显然是更好的着法。我们完全可以假设，达米亚诺发表这一著作时，王车易位还不流行。

15. Bd6+ Kf7　16. Qe7+ Kg6　17. Qe3 Qg5（图9）

图9

黑方若吃象则丢后。

18. Bd3+ Kh5

若走18. ··· kh6，将丢后。

19. Bf4 Qf6　20. Rf1（图10）

图10

黑方如果续走20. ··· Q×b2，则21. Be5，白方将几步将杀黑王。

第六局

教授应对让一兵一先的方法。

1. e4（图1）

图1

1. … d6　2. d4 Nf6　3. Nc3 e5　4. d×e5 d×e5　5. Q×d8+ K×d8　6. Bd3
c6　7. Nge2 Kc7　8. Ng3 Be6　9. Ke2 Bg4+（图2）

图2

10. f3 Be6　11. h3（图3）

图 3

11. ⋯ Nbd7　12. Be3 Bb4　13. Nd1 c5　14. c3 Ba5　15. Nf2 c4　16. Bc2
b5　17. a3 h5　18. h4 Bb6　19. Nh3 B×h3　20. R×h3（图 4）

图 4

　　达米亚诺的棋局到此结束，并声称白棋占绝对优势。这个说法当然不
错，但高超棋手可以执黑谋和也不是不可能。总之，这盘棋走得不错，只是
黑方第 9 步棋不应走 Bg4+将军，而应走 9. ⋯ Nd7。白方第 11 步棋 h 兵挺进一
格也走得不好，应该挺进两格，这样，第 18 步棋就不用被迫浪费一步棋再挺
一步兵。

第七局

展示白方让一兵一先应对黑方让一马的方法。

1. … e5（图1）

图1

2. e3 d5   3. d4（图2）

图2

这步棋值得商榷。因为黑方走 3. … Qh4+   4. g3 Qe4   5. Nf3 Bg4   6. Bg2 e×d4，白方不能吃回兵，处于劣势。

3. ⋯ e×d4　4. e×d4 Qh4+　5. g3 Qe4+　6. Qe2（图 3）

图 3

强迫兑后。

第七局变例

从黑方第 3 步开始变。

1. ⋯ e5　2. e3 d5　3. d4 e4（图 4）

图 4

4. c4 c6　5. c×d5 c×d5　6. Nc3 Bd6　7. N×d5 Qh4+　8. Kd2 B×h2

9. Nc7+ Kd8（图 5）

图 5

当然不能用象吃马，否则丢后。

10. N×a8

第七局变例的变着

从黑方第 6 步开始变。

1. ··· e5　2. e3 d5　3. d4 e4　4. c4 c6　5. c×d5 c×d5　6. Nc3 Nf6（图 6）

图 6

或者走 6. ··· Be6。

7. Bb5+ Bd7　8. Qa4（图 7）

图 7

为了避免丢 d 兵，黑方被迫兑后，白方占绝对优势。

当白方走 7. Bb5+将军时，黑方不走象垫将，而走 7. … Ke7，则 8. b3 Qa5 9. Bd2 Qb6。如果第 8 步黑后不走到 a5 格，则 Ba3+，然后兑掉黑格象。两种走法，白方都大优。

第八局

展示另一种白方让一兵一先应对黑方让一马的方法。

1. … e5　2. d3 f5　3. e4 f×e4　4. Qh5+ g6　5. Q×e5+ Qe7　6. Q×e4（图 8）

图 8

白方迫使对方兑后。

这显然是错着，白方可以吃掉黑车而不遭受什么危险。

第八局变例

从黑方第 2 步开始变。

1. ··· e5　2. d3 d5　3. Nf3 Bd6（图 9）

图 9

如果黑方走 3. ··· e4，则 4. d×e4 d×e4　5. Q×d8+ K×d8　6. Ng5 必得一兵。

4. e4 c6　5. c4 d4　6. Bg5 f6　7. Bh4 g5　8. Bg3 f5　9. e×f5 B×f5
10. Nbd2（图 10）

图 10

再接走 Ne4，白棋局势乐观。

第九局

展示如何应对让后翼马先行局。

1. ··· e5（图 1）

图 1

2. e4 Nf6　3. Nc3 Bc5　4. Bc4 c6　5. Bb3 d5　6. d3（图 2）

图 2

这步棋有问题，黑方可得一兵。

6. ··· d×e4　7. d×e4 h6　8. Nf3 Bg4　9. h3 Bh5　10. g4 Bg6（图 3）

图3

或者走 11. ··· N×g4   12. h×g4 B×g4   13. Rg1 h5   14. B×f7+ K×f7   15. N×e5+ Ke8   16. N×g4，白方轻松取胜。

11. N×e5

这盘棋看来走得很不好。

第二部分　路易·洛佩兹著作

第一局

1. e4 e5　**2. c3 Nf6**　**3. Qc2 Bc5**　**4. Nf3 Nc6**（图1）

图 1

大概走 4. ⋯ Qe7 更好。

5. Bb5 d6　**6. d4 e×d4**　**7. c×d4 Bb4+**　**8. Nc3 Bd7**　**9. O-O**（图2）

图 2

白方形势非常好。

第二局

1. e4 e5　2. c3 Nf6　3. Qc2 Bc5　4. f4 Ng4　5. Nf3 Nf2（图 1）

图 1

如果黑方走 5. ··· Bf2+，则 6. Ke2，这时，如果黑方不撤回象，因 7. h3，白方将得一子；如果黑方撤象，则 7. f×e5，白棋大优。

6. d4 e×d4

如果黑方走6. ··· N×h1，则7. d×c5，将来捉死黑马，一车换双，形势对白方非常有利。

7. Q×f2（图2）

图2

黑棋必败。

第二局第一变例

1. e4 e5 2. c3 Nf6 3. Qc2 Bc5 4. f4 e×f4 5. d4 Bb6 6. B×f4（图3）

图3

白棋远远优于黑棋。

第二局第二变例

1. e4 e5   2. c3 Nf6   3. Qc2 Bc5   4. f4 B×g1   5. R×g1（图4）

图4

走 5. f×e5 不是好棋，因为黑方可走 5. ⋯ B×h2。

5. ⋯ e×f4   6. d3 Nh5   7. Qf2 Qf6   8. Be2 g6   9. B×h5 g×h5   10. B×f4，等等（图5）。

图5

第二局第二变例的变着

从黑方第 7 步开始变。

1. e4 e5　**2. c3 Nf6**　**3. Qc2 Bc5**　**4. f4 B×g1**　**5. R×g1 e×f4**　**6. d3 Nh5**
7. Qf2 g5　**8. Be2 Ng7**（图 6）

图 6

或者 8. ⋯ Nf6　9. g3 f×g3　10. h×g3 h6（10. ⋯ Ng8　11. Rf1 Nh6
12. Qh2 Ng8　13. Qh5，黑棋必输）11. Rf1，等等。

9. g3 f×g3　**10. Q×g3 h6**　**11. h4 f6**（图 7）

图 7

或者 11. ⋯ Ne6　12. h×g5 Rg8　13. Qh2 h×g5　14. Bg4 Qe7　15. Qh7 Rg7
16. Qh6 Rg6　17. Qh8+ Qf8　18. Q×f8 N×f8　19. Bf5，等等。

12. e5 Nf5

如果走 12. ⋯ Ne6，则 13. Bh5+，白棋大优。

13. Qg4 N×h4   14. Qh5+ Kf8   15. B×g5 f×g5   16. Rf1+ Kg8   17. Qf7#
（图8）

图 8

上一步黑王走到任何地方，白方都可以走17. Qf7#将杀。

第三局

1. e4 e5   2. Bc4 Bc5   3. c3 Nf6   4. d4 e×d4   5. c×d4（图1）

图 1

走5. e5更好。

5. … Bb4+

如果走5. … Bb6，则6. e5，白优。

6. Bd2 B×d2+　7. Q×d2，等等（图2）。

图2

非常奇怪的是，洛佩兹把这个作为白方好的开局的例子，后来又把这一开局作为教授不能恰当防守的例子。毫无疑问，至此（洛佩兹分析到此）对黑方有利，后兵挺进两格（洛佩兹指导这么走）使中心兵失去联络，形成 d 线孤兵（参见第五局）。

第三局变例

从白方第 5 步开始变。

1. e4 e5　2. Bc4 Bc5　3. c3 Nf6　4. d4 e×d4　5. e5 Ne4（图3）

图3

如果走 5. … Qe7，则 6. c×d4。

6. Bd5

走 6. B×f7+ 更好。

6. … f5

如果走 6. … N×f2，则 7. K×f2。

7. B×e4 f×e4　8. c×d4（图 4）

白棋形势非常好。

图 4

第四局

1. e4 e5　2. Bc4 Bc5　3. c3 Nf6　4. d4 Bb6　5. d×e5 N×e4　6. B×f7+ K×f7（图 1）

图 1

如果黑方不吃象而走 6. … Kf8，则 7. Qf3。

7. Qd5+ Ke8　8. Q×e4，等等（图 2）。

图 2

第四局变例

从黑方第 6 步开始变。

1. e4 e5　2. Bc4 Bc5　3. c3 Nf6　4. d4 Bb6　5. d×e5 N×e4　6. B×f7+ Ke7
（图 3）

图 3

7. Qd5 B×f2+　8. Ke2 B×g1　9. R×g1 Qf8

或者 9. … Rf8。

10. Rf1（图 4）

图 4

白棋形势非常好。

第四局变例的变着

从黑方第 8 着开始变。

1. e4 e5　2. Bc4 Bc5　3. c3 Nf6　4. d4 Bb6　5. d×e5 N×e4　6. B×f7+ Ke7
7. Qd5 B×f2+　8. Ke2 Qf8 （图 5）

图 5

9. Bh5 B×g1　10. Q×e4 Qf2+　11. Kd1 h6　12. Qg6 Rg8　13. Nd2 Nc6
14. Ne4 N×e5　15. Bg5+ h×g5　16. Q×g5+ （图 6）

图 6

黑方必丢后。

第五局

黑方如何恰当防守。

1. e4 e5 2. Bc4 Bc5 3. c3 Qe7（图 1）

图 1

这步棋很好。白方不能走 4. d4，黑方也可以把 d 兵挺进一格。

洛佩兹这里插入本局变例，其走法同第三局黑方第 3 着开始。

第六局

1. e4 e5　2. Bc4 Nf6　3. d3 Bc5　4. f4（图1）

图1

如果黑方应对恰当，这步棋肯定不好，例如：4. ⋯ d5　5. e×d5 Ng4
6. Nh3 Qh4+　7. Kf1/Ke2 Nf2　8. Qe1 B×h3，白棋必败。

**4. ⋯ d6　5. Nf3 Ng4　6. Qe2 Bf2+　7. Kd1 Bb6　8. Rf1 Nc6　9. h3 Nf6
10. Bb5 Bd7　11. B×c6 B×c6　12. f×e5 d×e5　13. N×e5 B×e4　14. Ng4**（图2）

图2

黑方丢子。

第七局

1. e4 e5　2. Bc4 Bc5　3. Qe2 d6（图 1）

图 1

4. c3 Nf6　5. f4 e×f4　6. d4 Bb6　7. B×f4（图 2）

图 2

白棋大优。

第八局

1. e4 e5　2. Bc4 Bc5　3. Qe2 d6　4. c3 Nf6　5. f4 B×g1（图1）

图1

**6. R×g1 e×f4　7. d3 g5　8. g3 f×g3　9. B×g5 g×h2　10. Q×h2 Rg8　11. B×f6
R×g1+　12. Q×g1 Q×f6　13. Qg8+ Kd7　14. B×f7 Qe7　15. Q×h7**（图2）

图2

白棋远远优于黑棋。

第八局变例

从黑方第 10 步开始变。

1. e4 e5　2. Bc4 Bc5　3. Qe2 d6　4. c3 Nf6　5. f4 B×g1　6. R×g1 e×f4

7. d3 g5　8. g3 f×g3　9. B×g5 g×h2　10. Q×h2 Nbd7（图 3）

图 3

11. Rf1 Rg8　12. Q×h7 N×h7　13. B×f7+ Kf8　14. B×d8（图 4）

图 4

白棋必胜。

第九局

1. e4 e5 2. Bc4 Bc5 3. Qe2 d6 4. c3 Nc6（图 1）

图 1

5. f4 e×f4 6. d4 Qh4+ 7. Kd1 Bg4 8. Nf3 B×f3 9. Q×f3（图 2）

图 2

白棋很好。

第九局变例

从黑方第 7 步开始变。

1. e4 e5　2. Bc4 Bc5　3. Qe2 d6　4. c3 Nc6　5. f4 e×f4　6. d4 Qh4+　7. Kd1 Bb6（图 3）

图 3

8. Nf3 Qg4　9. h3 Qg3　10. Nbd2 Nf6　11. Re1 Nh5　12. e5，等等（图 4）。

图 4

第十局

1. e4 e5　2. Bc4 Bc5　3. Qe2 d6　4. c3 Nc6　5. f4 B×g1（图1）

图1

6. R×g1 e×f4　7. d4 Qh4+　8. g3 f×g3　9. R×g3 Nf6　10. Bg5 Qh5
11. Qg2 Ng4　12. Bd2 N×h2　13. Be2（图2）

图2

黑棋不能避免丢马。

第十一局

1. e4 e5　2. Bc4 c6　3. Qe2 Bc5（图1）

图1

这步棋显然不好，因为白方可接走 4. B×f7+ K×f7　5. Qc4+ d5　6. Q×c5 d×e4　7. Q×e5，白棋大优。

4. f4 e×f4　5. Nf3 Bb6　6. d4 g5　7. h4 g4　8. Ne5 Nh6　9. B×f4 B×d4 10. c3 B×e5　11. B×e5 f6　12. Bd6（图2）

图2

白优。

第十二局

1. e4 e5 2. Bc4 c6 3. Qe2 Bc5 4. f4 B×g1（图1）

图1

5. R×g1 e×f4 6. d4 Qh4+ 7. g3 f×g3 8. R×g3 Nf6 9. Nc3 Nh5 10. B× f7+ K×f7 11. Bg5 N×g3 12. Qf3+ Kg8

或其他走法。

13. B×h4，等等（图2）。

图2

第十二局第一变例

从黑方第 11 步开始变。

1. e4 e5　2. Bc4 c6　3. Qe2 Bc5　4. f4 B×g1　5. R×g1 e×f4　6. d4 Qh4+

7. g3 f×g3　8. R×g3 Nf6　9. Nc3 Nh5　10. B×f7+ K×f7　11. Bg5 Nf4（图 3）

图 3

12. Qc4+

白方走 12. B×f4 也可以很快取胜，如果黑方用后吃象，将丢后；不吃象，也难挽败局。

12. … d5　13. N×d5 Q×h2　14. B×f4，等等（图 4）。

图 4

第十二局第二变例

从白方第 9 步开始变。

　　**1. e4 e5　2. Bc4 c6　3. Qe2 Bc5　4. f4 B×g1　5. R×g1 e×f4　6. d4 Qh4+
7. g3 f×g3　8. R×g3 Nf6　9. Bg5**（图 5）

图 5

　　9. ⋯ Qh5　10. Qg2 h6　11. Be2 Qg6　12. Bd2 Qh7　13. e5 Q×c2（图 6）

图 6

如果黑方走马，白方用车吃 g7 兵也可取胜。

　　**14. e×f6 Q×b2　15. f×g7 Rg8　16. Qe4+ Kd8　17. Qh4+ Kc7　18. Rb3
Q×a1　19. Bf4+ d6　20. Qe7+ Bd7　21. B×d6+ Kc8　22. Qf8+ R×f8　23. g×f8＝Q+**

Be8　24. Q×e8#（图 7）

图 7

第十三局

1. e4 e5　2. Bc4 Bc5　3. Qe2 Nc6　4. c3 d6　5. f4 e×f4　6. Nf3 g5（图 1）

图 1

**　7. h4 g4　8. Ng5 Ne5　9. d4 N×c4　10. Q×c4 Qe7　11. d×c5 h6　12. c×d6 c×d6　13. Q×f7+ Q×f7　14. N×f7 K×f7　15. B×f4**（图 2）

图 2

白棋非常好。

第十三局变例

从黑方第 8 步开始变。

1. e4 e5　2. Bc4 Bc5　3. Qe2 Nc6　4. c3 d6　5. f4 e×f4　6. Nf3 g5　7. h4 g4　8. Ng5 Nh6（图 3）

图 3

9. d4 Bb6　10. B×f4 Qe7　11. Rf1（图 4）

图 4

白棋非常好。

第十四局

第一局王翼弃兵。

1. e4 e5 2. f4 e×f4 3. Nf3 Nf6（图 1）

图 1

4. e5 Qe7 5. Qe2 Nh5 6. Nc3 c6 7. Ne4（图 2）

图 2

白棋非常好。

第十五局

第二局王翼弃兵。

这个对局按照意大利走法，兵向前挺进两格时，第一个格受对方一个兵控制，不吃过路兵。

1. e4 e5 2. f4 e×f4 3. Nf3 Nf6 4. e5 Nh5 5. g4（图 1）

图 1

只是出于对洛佩兹的尊重才把这局棋收在这里，有的走法极其不正确，更确切地说，黑方第四步棋非常糟，从这盘棋中得不到任何教益和提高。

第十六局

第三局王翼弃兵。

1. e4 e5 2. f4 e×f4 3. Nf3 Nf6 4. e5 Qe7 5. Qe2（图 1）

图 1

白方这步棋看来不是最好着法。如果走 5. Be2，黑方也得逃马，白方王车易位，黑后在王前，白方的王车易位很有威胁。

5. … Nd5 6. c4 Nb4 7. d4 g5
8. h3 d6 9. a3 N4c6 10. Nc3 g4
11. h×g4 B×g4 12. Qe4 B×f3 13. g×f3
d×e5 14. Nd5 Qd6 15. d×e5 N×e5
（图 2）

黑方若用后吃兵将丢车。

16. B×f4（图 3）

图 2

图 3

或者走 16. c5，白棋极好。

看来洛佩兹认为这两种着法同样好。若是这样，洛佩兹显然是错了，因为第二种走法非常值得选择，用一兵换得对方一马一车。

第十六局变例

从黑方第 12 步开始变。

1. e4 e5   2. f4 e×f4   3. Nf3 Nf6   4. e5 Qe7   5. Qe2 Nd5   6. c4 Nb4   7. d4 g5   8. h3 d6   9. a3 N4c6   10. Nc3 g4   11. h×g4 B×g4   12. Qe4 f5（图 4）

图 4

13. Q×f4 B×f3 14. g×f3 d×e5 15. Q×f5 e×d4+ 16. Ne4（图 5）

图 5

白棋大优。

如果白方第 13 步吃过路兵，白棋会更好。

第十七局

第四局王翼弃兵。

1. e4 e5 2. f4 e×f4 3. Nf3 Nf6 4. e5 Nh5 5. d4 g5 6. Nfd2 Ng7（图 1）

图 1

7. Ne4 Be7　8. h4 Ne6　9. d5 Nc5　10. Nbc3（图2）

图 2

白棋大优。

或者 10. N×c5 B×c5　11. Qh5 Bd4　12. h×g5 B×e5　13. g6 Qe7　14. g×f7+ Kd8　15. Be2，白棋优势。

这盘棋下得非常好，变例中清楚显示双方技艺不相上下。

第十八局

第五局王翼弃兵。

1. e4 e5　2. f4 e×f4　3. Nf3 Ne7　4. d4 Ng6　5. Bc4 d6　6. Rf1（图1）

图 1

走王车易位显然更好。从实际着法来看，我们相信，当时王车易位在西班牙和葡萄牙还未实行。

6. … Bg4　7. c3 Nh4　8. Kc2（图2）

图2

当时在西班牙，规定在一盘对局中，王有一次权利：在任何时候都可任意选择某种棋子，按被选中的棋子的走法走一步。

8. … N×g2　9. Rg1 Bh3　10. Qe2 Nh4　11. Ng5（图3）

图3

白棋大优。

第十八局变例

从黑方第 9 步开始变。

1. e4 e5　2. f4 e×f4　3. Nf3 Ne7　4. d4 Ng6　5. Bc4 d6　6. Rf1 Bg4　7. c3 Nh4　8. Kc2 N×g2　9. Rg1 B×f3（图 4）

图 4

10. Q×f3 Nh4　11. Q×f4 Qe7　12. Rf1 Ng6　13. B×f7+ Kd8　14. Qf5 Nd7 15. Bg5 Nf6　16. e5 d×e5　17. d×e5 Q×e5　18. B×g6 Qe2+　19. Nd2 h×g6 20. B×f6+ g×f6　21. Q×f6+（图 5）

图 5

黑棋输。

第十九局

第六局王翼弃兵。

1. e4 e5　2. f4 e×f4　3. Bc4 Nf6　4. Qe2 Bc5（图1）

图1

5. c3 g5　6. d4 Bb6　7. h4（图2）

图2

白棋大优。

第二十局

第七局王翼弃兵。

**1. e4 e5 2. f4 e×f4 3. Bc4 Nf6 4. Qe2 Bc5 5. c3 B×g1 6. R×g1 g5
7. e5 Ng8**（图 1）

图 1

更好的着法是王车易位，白棋若吃马将丢后。

**8. d4 Qe7 9. g3 f×g3 10. R×g3 h6 11. Qh5 Nf6 12. Q×f7+ Q×f7
13. B×f7+ K×f7 14. Rf3**，等等（图 2）。

图 2

第二十局变例

从白方第 11 步开始变。

1. e4 e5　2. f4 e×f4　3. Bc4 Nf6　4. Qe2 Bc5　5. c3 B×g1　6. R×g1 g5
7. e5 Ng8　8. d4 Qe7　9. g3 f×g3　10. R×g3 h6　11. h4（图 3）

图 3

11. … f6　12. Qh5+ Kd8　13. B×g8 R×g8　14. Q×h6 d6　15. Q×f6 Q×f6
16. e×f6 Re8+　17. Kf2 g×h4　18. Rg7 Be6　19. Bg5 Rf8　20. Nd2 Nd7
21. Re1 Bf7　22. Re7（图 4）

图 4

白方将获胜。

第二十一局

第八局王翼弃兵。

1. e4 e5　2. f4 Nf6　3. Nc3 e×f4（图 1）

图 1

　　4. d4 Bb4　5. Bd3 Qe7　6. Qe2 Nc6　7. e5 N×d4　8. e×f6 N×e2　9. f×e7 N×c3　10. a3 Ba5　11. Bd2，等等（图 2）。

图 2

第二十一局变例

从白方第 8 步开始变。

1. e4 e5　2. f4 Nf6　3. Nc3 e×f4　4. d4 Bb4　5. Bd3 Qe7　6. Qe2 Nc6

7. e5 Nd5　8. Bd2（图 3）

图 3

8. … N×d4　9. N×d5 Qh4+　10. g3 f×g3　11. Qg2 g×h2+　12. Kf1 B×d2

（图 4）

图 4

如果黑方走 12. h×g1＝Q+，则 13. Q×g1。

13. R×h2 Qd8

或者 13. ··· Qg5。

14. Q×d2，等等（图 5）。

图 5

第二十二局

第九局王翼弃兵。

**1. e4 e5　2. f4 d6　3. Bc4 e×f4　4. d4 Qh4+　5. Kf1 Bg4　6. Nf3 B×f3
7. Q×f3 g5　8. Qb3 Kc8**（图 1）

图 1

当时西班牙允许王走两格到 c8。

9. B×f7 Nf6　10. Nd2 f3　11. e5 d×e5　12. d×e5 Bc5　13. Be6+ Nbd7
14. B×d7+ K×d7　15. Qb5+ Kd8　16. Q×c5，等等（图 2）。

图 2

第二十三局

第十局王翼弃兵。
1. e4 e5　2. f4 Nf6　3. Nc3 e×f4　4. d4 Bb4　5. Bd3 Qe7　6. Qe2 Nc6
7. Nf3 g5　8. d5 Ne5（图 1）

图 1

9. N×g5 N×d5　10. e×d5 Q×g5　11. g3 Kd8　12. B×f4 N×d3+　13. Q×d3

Re8+　14. Kd2 Qg6　15. Rae1 Q×d3+　16. K×d3 d6　17. R×e8+ K×e8
18. Re1+ Kd7　19. Bg5（图2）

图2

白棋优势。

第二十四局

第十一局王翼弃兵。

1. e4 e5　2. f4 e×f4　3. Bc4 Qh4+　4. Kf1 d6（图1）

图1

5. Nf3 Qg4　6. Kf2 Nf6　7. Re1，等等（图2）。

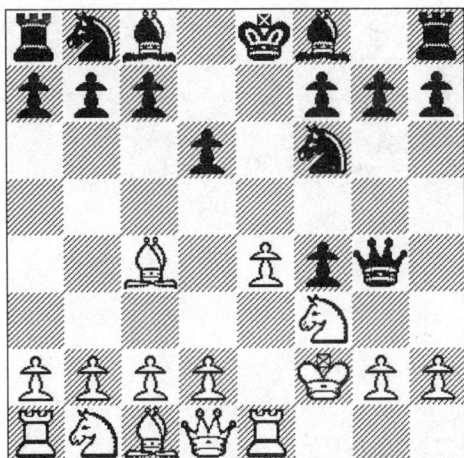

图2

第二十五局

第十二局王翼弃兵。

1. e4 e5　2. f4 e×f4　3. Bc4 Qh4+　4. Kf1 Bc5（图1）

图1

5. d4 Bb6　6. Nf3 Qg4　7. B×f7+（图2）

图 2

白方将获胜，因为黑后难逃。

第二十六局

第十三局王翼弃兵。

1. e4 e5 2. f4 e×f4 3. Bc4 Qh4+ 4. Kf1 Bc5 5. d4 Bb6 6. Nf3 Qf6
（图 1）

图 1

7. e5 Qc6

或者 7. … Qf5 8. Bd3 Qg4 9. h3 Qg3 10. Nc3，黑后难逃。

8. Qe2（图2）

图2

白棋非常好。

第二十七局

第十四局王翼弃兵。

1. e4 e5　2. f4 e×f4　3. Bc4 Qh4+　4. Kf1 g5（图1）

图1

　**5. Nf3 Qh5　6. d4 Nf6　7. Qe2 Nc6　8. e5 Ng4　9. Nc3 Be7　10. Nd5 Bd8
11. h3 Na5　12. Kg1 Ne3**，等等（图2）。

图2

第二十八局

第十五局王翼弃兵。

1. e4 e5 2. f4 e×f4 3. Bc4 Qh4+ 4. Kf1 Nf6（图1）

图1

5. Nf3 Qh5 6. Qe2 g5 7. Ne5 Q×e2+ 8. K×e2 d6 9. N×f7 d5（图2）

图 2

白方或者丢一子，或者用马和象换一车。

第二十九局

第十六局王翼弃兵。

1. e4 e5　2. f4 e×f4　3. Bc4 Qh4+　4. Kf1 Nf6　5. Nf3 Qh5（图 1）

图 1

6. Qe2 g5　7. d4 d6　8. e5 d×e5　9. Q×e5+（图 2）

图 2

白棋远远优于黑棋。

第三十局

第十七局王翼弃兵。

黑方如何躲避弃兵进攻？

1. e4 e5 2. f4 Bc5 3. Nf3 d6 4. f×e5 d×e5（图 1）

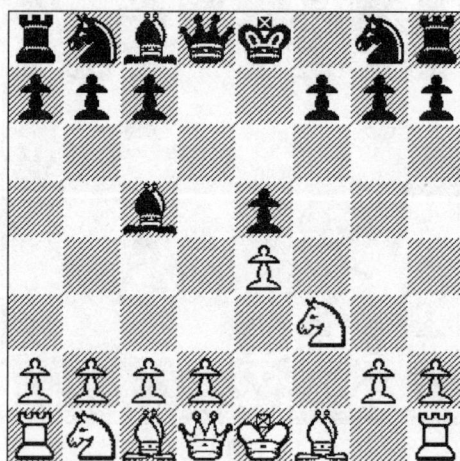

图 1

　　5. N×e5 Qh4+ 6. g3 Q×e4+ 7. Qe2 Q×h1 8. Ng6+ Ne7 9. N×h8 Bh3
（图 2）

图 2

黑方强迫兑后，然后捉死白马。

第三十一局

第十八局王翼弃兵。

展示另一种防守王翼弃兵的方法。

**1. e4 e5　2. f4 Bc5　3. Nf3 d6　4. Bc4 Qe7　5. Ng5 Nh6　6. Qh5 Bg4
7. B×f7+**（图 1）

图 1

或者 7. Qh4 e×f4，白方无法阻止黑方挺进 f 兵，形势对黑方有利。

7.···Q×f7 8.N×f7 B×h5 9.N×h8（图2）

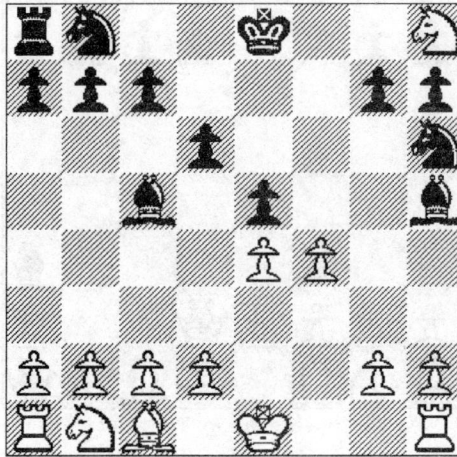

图2

黑方必得白马。

第三十二局

第十九局王翼弃兵。

1.e4 e5 2.f4 e×f4 3.Bc4 c6 4.Nf3 d5 5.e×d5 c×d5 6.Bb5+ Nc6，等等（图1）。

图1

第三十三局

第二十局王翼弃兵。

1. e4 e5　2. f4 e×f4　3. Bc4 f5（图1）

图1

4. e×f5 Qh4+　5. Kf1 f3　6. Bb3

或者6. B×g8。

6. … f×g2+　7. K×g2（图2）

图2

黑棋大优。

第三十四局

1. e4 d5　2. e×d5 Q×d5　3. Nc3 Qd8　4. d4（图1）

图1

白棋开局较好。

第三十五局

1. e4 e5　2. Nf3 Nf6　3. N×e5 N×e4　4. Qe2 Qe7（图1）

图1

5. Q×e4 d6 **6. d4 f6** **7. f4 d×e5** **8. d×e5 Nd7** **9. Nc3 f×e5** **10. Nb5 Nf6**（图2）

图 2

黑棋大优。

第三十六局

1. e4 e5 **2. Nf3 Nf6** **3. N×e5 N×e4** **4. Qe2 Qe7** **5. Q×e4 d6** **6. d4 f6** **7. f4 d×e5** **8. d×e5 f×e5**（图1）

图 1

9. f×e5 Nd7 **10. Bf4 g5** **11. Bg3 Bg7**（图2）

图 2

黑棋将得回兵。

第三十七局

1. e4 e5 2. Nf3 Nf6 3. N×e5 Qe7（图 1）

图 1

4. d4 d6 5. Nf3 Q×e4+ 6. Be2 Bf5 7. c3 Nbd7 8. Nbd2 Qc2（图 2）

图 2

黑棋大优。

第三十八局①

第三十九局

1. e4 e5 2. Nf3 Nc6（图 1）

图 1

---

① 原作无——编者注。

3. Bc4 Bc5　4. c3 Qe7　5. d4 e×d4　6. c×d4 Q×e4+　7. Be3 Bb4+（图 2）

图 2

黑棋大优。

第四十局

1. e4 e5　2. Nf3 Nc6　3. Bc4 Bc5　4. c3 Qe7（图 1）

图 1

5. d3 d6　6. Ng5 Nd8（图 2）

图2

黑棋占优。

第四十一局

1. e4 e5 2. Nf3 Nc6 3. Bb5 d6 4. B×c6+ b×c6 5. d4，等等（图1）。

图1

第四十二局

1. e4 e5　2. Nf3 Nc6　3. Bb5 Bc5　4. B×c6 d×c6（图1）

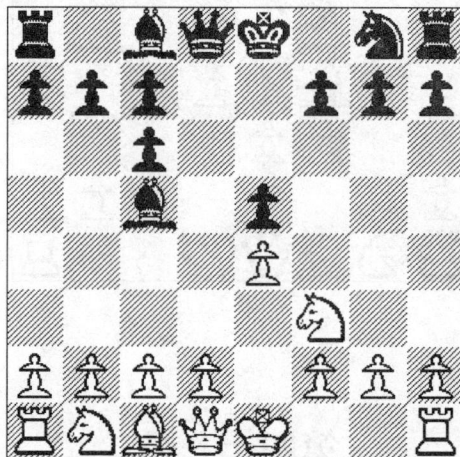

图1

5. N×e5 B×f2+　6. K×f2 Qd4+　7. Kf1 Q×e5（图2）

图2

黑棋极优。

第四十三局

1. e4 e5　2. Nf3 Nc6　3. Bb5 Bc5　4. B×c6 d×c6　5. N×e5 Qd4（图1）

图 1

6. Qe2 Q×e5（图2）

图 2

黑棋占优。

第四十四局

1. e4 e5   2. Nf3 Nc6   3. Bb5 Bc5   4. B×c6 d×c6   5. N×e5 Qd4   6. Ng4 Q×e4+（图 1）

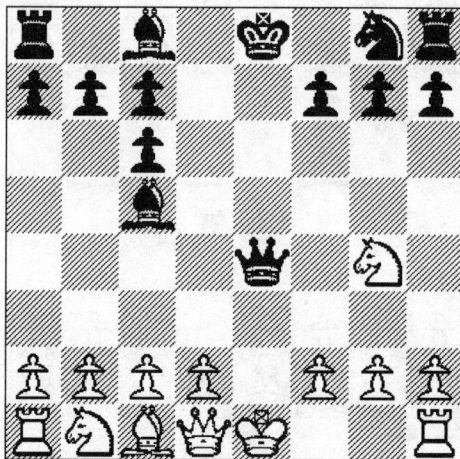

图 1

7. Ne3 B×e3   8. d×e3

或者 8. f×e3 Q×g2   9. Rf1 Bh3，黑棋将获胜。

8. ⋯ Q×g2   9. Rf1 Bh3（图 2）

图 2

黑棋占优。

第四十五局

1. e4 e5　2. Nf3 Nc6　3. Bb5 Bc5　4. B×c6 d×c6　5. N×e5 Qd4　6. Nd3 Q×e4+　7. Qe2 Q×e2+　8. K×e2（图1）

图1

8. … Bb6　9. c4 Bf5　10. Ne1 Nf6　11. d3 Kd7　12. Be3 Rhe8　13. Kd2 B×e3+　14. f×e3 Rad8　15. Nc3 Ng4　16. Nd1 Kc8（图2）

图2

黑棋占优。

第四十六局

1. e4 e5 2. Nf3 Nc6 3. Bb5 Bc5（图 1）

图 1

走 3. … a6 会更好。如果白方走 4. B×c6，则 4. … d×c6 5. N×e5 Qd4。

4. c3 d6

这步棋不太好，黑棋应走 4. … Qf6。

5. d4 e×d4 6. c×d4 Bb4 + 7. Nc3 Bd7 8. Bg5 Nf6 9. Qd3 Qe7 10. Nd2 B×c3 11. b×c3，等等（图 2）。

图 2

洛佩兹认为用马保护 e5 兵不是好招，但这种说法非常模糊。黑棋若采用注解走法，被认为会取得优势，所以白棋是否优于黑棋是值得怀疑的。

第四十七局

1. e4 e5　2. Nf3 Nc6　3. Bb5 Bc5　4. c3 Nge7（图 1）

图 1

5. d4 e×d4　6. c×d4 Bb4+　7. Nc3 d5　8. e×d5

或者 8. e5 Bg4，等等。

8. ⋯ Q×d5（图 2）

图 2

黑棋占优。

第四十八局

1. e4 e5 2. Nf3 Nc6 3. Bb5 Bc5 4. c3 Nge7 5. d4 e×d4 6. c×d4 Bb6（图1）

图1

7. d5 Nb8 8. Nc3 O—O 9. Ng5 f6 10. Nf3 c6 11. Ba4 d6（图2）

图2

黑棋优势。

第四十九局

1. e4 e5　2. Nf3 Nc6　3. Bb5 Bc5　4. c3 Qe7　5. B×c6 d×c6（图 1）

图 1

黑棋占优。

第五十局

1. e4 e5　2. Nf3 Nc6　3. Bb5 Bc5　4. c3 Qe7　5. O-O Nf6，等等（图 1）。

图 1

第五十一局

1. e4 e5　2. Nf3 d6　3. Bc4 c6　4. c3 d5　5. e×d5 c×d5　6. Bb5+ Bd7
7. B×d7+ N×d7（图 1）

图 1

8. Qb3 e4　9. Nd4 Nc5　10. Qb5+ Qd7　11. Q×d7+ K×d7（图 2）

图 2

黑棋占优。

黑棋下一步走 12. … Nd3。

第五十二局

**1. e4 e5　2. Nf3 d6　3. Bc4 c6　4. c3 d5　5. e×d5 c×d5　6. Bb5+ Bd7
7. Qb3**（图 1）

图 1

7. … B×b5　8. Q×b5+ Qd7　9. Qe2 f6（图 2）

图 2

黑棋占优。

第三部分　萨尔维奥著作

第一局弃兵局

1. ⋯ e5　2. e4 f5　3. e×f5 Nf6　4. g4 Bc5　5. g5 Ne4　6. Qh5＋ Kf8　7. Nf3（图 1）

图 1

这步棋看起来很奇特，然而却是步好棋。

以下的着法通常是这一防御体系的结果。

如果黑方用马吃 f2 兵，白方走 d4，或者得一子，或者一车换一马一象。

如果黑方用象吃 f2 兵并将军，白方则走 Kd1；这时，如果黑象撤回到 b6 格，白方应走 Nh4；尽管黑方可以 Nf2+将军，然后吃 h1 车，但白方却有 Ng6＋

取胜。

如果黑象不撤回到 b6 格，而对局如下：

7. ··· B×f2+　8. Kd1 Bc5　9. b4 B×b4　10. c3 Bd6　11. d3 Nf2+　12. Kc2 N×h1

至此断言"白方必胜"是不正确的，因为白方 d 兵进了一步，将来白马将军，黑王走到 g8 格，白格象不能走到 c4 格将军，这样，白方不仅不能赢棋，反而要输棋。例如，按萨尔维奥指引的走法，白方如果走 Nh4，接下来黑方走 Qe8，白方走 Ng6+，黑方走 Kg8，白方必丢一子并最终输棋；但如果白方能用白格象将军，就会轻松取胜。

13. Nh4（图 2）

图 2

白方必胜。

这一弃兵以"萨尔维奥弃兵"著称，然而，这一命名并不正确，第一个采用这一防守的是一个优秀棋手，他与萨尔维奥不住在一个城镇，他把这一变化传递给萨尔维奥，急切想知道萨尔维奥是否赞同这一变化。

下面是这一防守的变例。

第一局弃兵局变例

1. ··· e5　2. e4 f5　3. e×f5 Nf6　4. g4 Bc5　5. g5 Ne4　6. Nh3 N×g5 7. Qh5+（图 3）

图 3

或者 N×g5 Q×g5 d4 Qh4（很难理解为什么萨尔维奥不指引走 Q×f5，而走这步）d×c5 Qe4+ Qe2 Q×h1，萨尔维奥说，黑棋劣势，然而，他的说法看起来根据不足。尽管白棋可以走 Q×e5+，黑棋走 Kf7，白棋没有攻势，却丢一车换一象。

7. ··· Nf7   8. d4 B×d4

如果黑方走 e×d4，则 f6，后捉象，黑棋也不好。

9. Bg5，捉死黑后（图 4）。

图 4

第一局弃兵局另一变例

防守弃兵的另一种方法。

1. ··· e5 2. e4 f5 3. e×f5 Nf6 4. g4 Bc5 5. g5 Ne4 6. Qh5＋Kf8

7. Nf3 d6（图 5）

图 5

或者黑方走 d5，则白方走 d3，黑方走 Nd6，白方走 f6，大优；或者······

8. d3 N×f2 9. d4（图 6）

图 6

白棋一车换双。

第一局弃兵局另一变例的变着

1. … e5　2. e4 f5　3. e×f5 Nf6　4. g4 Bc5　5. g5 Ne4　6. Qh5+ Kf8
7. Nf3 Nc6（图 7）

图 7

8. Bb5 Nd4　9. N×d4 B×d4　10. d3 N×f2　11. Rf1 c6　12. c3 c×b5
13. c×d4 N×d3+　14. Kd2 N×c1　15. f6 g6　16. Qh6+ Kf7　17. Qg7+ Ke6
18. d5+ K×d5　19. Nc3+ Ke6　20. Ra×c1 b4　21. Ne4（图 8）

图 8

这步棋很奇怪。如走 Nb5，白方可以获胜。

21. … Qf8

强迫兑后，破坏白方进攻。

第二局弃兵局

1. … e5　2. e4 f5　3. e×f5 Nf6　4. g4 h5（图1）

图1

5. g5 Ne4　6. Qe2 N×g5　7. f4 Nf7　8. f×e5 Qh4+　9. Kd1 Qf4　10. Nf3 Q×f5　11. d4，等等（图2）。

图2

这个局面白子位置较佳。

第二局弃兵局变例

1. … e5　2. e4 f5　3. e×f5 Nf6　4. g4 h5　5. g5 Ne4　6. Qe2 d5（图 3）

图 3

7. f4 B×f5　8. d3 Bg4　9. Nf3 Nc6　10. c3 B×f3　11. Q×f3 Nc5　12. b4
（图 4）

图 4

萨尔维奥说："黑方须走马，白方或者可以吃对方 e 兵，或者挺一步 f 兵。"这话看来多余。白方局面并不占优。

第二局弃兵局另一变例

另一种防守弃兵的方法。

1. ··· e5　2. e4 f5　3. e×f5 Nf6　4. g4 Bc5　5. g5 Ne4　6. Qh5+ Kf8
7. Nh3 d5　8. f6 g6　9. Qh6+ Kf7　10. Qg7+ Ke6　11. Bg2 Nd6　12. O–O（Rk1）
（图5）

图 5

12. ··· Nf5　13. Nf4+ Kd6　14. Qf7 c6（图6）

图 6

这个局面，萨尔维奥说，白方应走 R×e5，如果黑王吃车，白棋可轻松取胜。

说白方可以取胜是对的，但我不同意他认为获胜方法是轻松的。附加上我看来白方可以将杀黑方的着法。假设白方走：

15. R×e5 K×e5   16. d4+ Kd6 （图7）

图7

或者（a）B×d4 Nd3＋ Kd6 Bf4#将杀；或者（b）N×d4 Nd3＋ Kf5 Bh3＋ Ke4 Nd2#将杀。

这盘棋白方走得很好，非常遗憾的是局中王车易位的方法现在未普遍采用。

17. Ne6 B×e6

或者走后。

18. Bf4#

第三局弃兵局

1. ··· e5   2. e4 f5   3. e×f5 Nf6   4. g4 h5   5. g5 Ne4   6. Qe2 N×g5
7. Q×e5+ Qe7   8. d4 Nf7   9. Q×e7＋ B×e7   10. Bd3 d5   11. Nc3 c6   12. Bf4
（图1）

图 1

12. ··· Nd6   13. f6 g×f6   14. Bg6+ Kd8   15. Nf3（图 2）

图 2

萨尔维奥没有继续演示这个布局，我想他认为双方均势。在我看来，白方第 13 步应该走 B×d6，然后走 Nf3，保持多兵，局势占优。

第三局弃兵局变例

1. ··· e5   2. e4 f5   3. e×f5 Nf6   4. g4 h5   5. g5 Ne4   6. Qe2 N×g5（图 3）

图 3

或者走 6. ···d5 7. d3 N×g5 8. Q×e5，等等。

7. Q×e5+ Qe7 8. d4 d6 9. B×g5 d×e5 10. B×e7 B×e7 11. d×e5 B×f5 12. Bd3，等等。

白方占优。

第四局弃兵局

1. ··· e5 2. e4 f5 3. e×f5 h5 4. Be2 Nf6 5. Nf3 d6 6. Nh4 Nc6 7. O−O（Re1）（图 1）

图 1

7. … g5　8. Nf3，等等。

不正确。黑方走 g5，白方当然要吃过路兵，这在英国或法国可以选择吃，也可以选择不吃。我认为，白方不应王车易位，而应走 Ng6。

第五局弃兵局

1. … e5　2. e4 f5　3. e×f5 h5　4. d4（图 1）

图 1

4. … e×d4　5. Q×d4 Qe7+　6. Be3 Nc6　7. Qf4 d5　8. c3 Nh6　9. Bd3 Qf7　10. Nf3 B×f5　11. Ng5 Qd7，等等（图 2）。

图 2

看来双方均势。

第五局弃兵局变例

1. ··· e5 2. e4 f5 3. e×f5 h5 4. Be2 Nf6 5. d4（图 3）

图 3

5. ··· e×d4 6. Q×d4 Nc6 7. Qf4 Bd6 8. Qg5 Qe7 9. Nf3 O–O（图 4）

图 4

萨尔维奥没有继续演示这局棋。我认为这局棋走得不好。

第六局弃兵局

1. ··· e5　2. e4 f5　3. e×f5 Nf6　4. g4 h5　5. g5 Ne4　6. Be2 Q×g5　7. d3 Qg2　8. d×e4 Q×e4（图 1）

图 1

黑后应吃车。

9. Nc3

走 Nf3 较好。

9. ··· Q×h1　10. B×h5+ Kd8　11. Bg5+ Be7　12. B×e7+ K×e7　13. Qg4 R×h5　14. Q×g7+，等等（图 2）。

图 2

萨尔维奥说，下面的弃兵局是希格诺·穆齐奥邮寄给他的，穆齐奥通常用此弃兵局战胜他的对手唐·格罗尼莫。他匆忙提出他的看法，认为白方必胜，但显然对此局分析不全面。我认为，这是所有弃兵局中最好的也是最难的。菲利多尔暗示弃王翼马的可能性，但他回避教授棋手这些着法，用这些着法可以保持足够有力的进攻来补偿失子。据我所知，弗多尼（曾一度把这个弃兵叫作他的弃兵）从来不教授他的学生这种进攻或防守。

我感觉不是很有信心提出我的观点，如果对手棋艺高超，弃马方会输棋。

下面是萨尔维奥的着法：

第六局弃兵局续

1. e4 e5　2. f4 e×f4　3. Nf3 g5　4. Bc4 g4　5. O（Kh1）−O（图 3）

图 3　　　　　　　　　　　　　　图 4

5. … g×f3　6. Q×f3 Qe7　7. Q×f4 Nh6　8. Q×c7 Nc6　9. Nc3 Qd6（图 4）

如果黑方走 Qc5，好像能赢棋，因为白方不能保象或走象，否则，黑方有 Bd6，白方丢后。

然而，我稍有怀疑，认为如果允许走意大利式王车易位，接受弃马方会有极大困难进行防守。在这种情况下，弃兵方不必防守对方走后到 c5 格将军得象。

这是最有教育意义的布局，所有急切想提高棋艺的业余棋手应经常练习。对于弃马方，这局棋比任何其他局棋可以教授能够把更多子力投入战斗的优越性，并向青年棋手清楚证明，正是局面形势而不是子力数量决定一局棋的胜负。对接受弃马方这局棋已展示，面对对方强有力的进攻，如何不浪费步数并抓住机会兑子是多么重要。这个弃兵局证明，黑方若不抓紧兑子，将很快输棋。

10. Nd5

萨尔维奥没有继续演示这个布局，但重复他的看法，认为白方必胜。

第一局开局

萨尔维奥和所有意大利棋手演示的意大利开局。

不走为了进攻的弃兵，而是走完王前兵立即出动王翼马和象，所有这样的开局都这么命名。

1. … e5　2. e4 Nf6　3. Nc3 Bc5　4. Bc4 O（Kh8）-O（图1）

图1

黑王在 h8 格。

5. Nf3 Ng4　6. O-O（图2）

图 2

6. ··· f5　7. h3 N×f2　8. R×f2 B×f2+　9. K×f2 f×e4　10. N×e4 Qh4+（图 3）

图 3

萨尔维奥说，这步棋将使黑方得回弃子。

得回弃子如下：

11. Ke3 Qf4+　12. Kd3 c6　13. Bb3

或走 e4 格马。

13. ··· d5　14. Nc3 e4+（图 4）

图4

这盘棋黑方走得非常好，其进攻展示了意大利式王车易位比我们通常的王车易位更优越。

第二局开局

意大利开局。

1. ⋯ e5 2. e4 d6 3. Bc4 Be7 4. Nf3 f5（图1）

图1

5. e×f5 B×f5 6. c3 Nf6 7. Qb3 Qc8 8. Ng5，等等（图2）。

图 2

第三局开局

另一意大利开局。

1. ··· e5 2. e4 Bc5 3. Bc4 Nf6 4. Nc3 O–O（Re8）（图 1）

图 1

5. Nf3 c6 6. Ng5 d5 7. e×d5 B×f2+ 8. K×f2 Ng4+ 9. Kg1 Q×g5 10. d3 Qh4 11. Qe2（图 2）

图 2

然后再走 h3 等等。

萨尔维奥说双方均势。我认为黑方稍优。

第四局开局

1. e4 c5 2. Bc4 Nc6 3. c3 e6 4. Nf3 d5 5. e×d5 e×d5，等等（图 1）。

图 1

黑方着法缜密，挫败对方进攻。

第五局开局

1. ⋯ c5   2. c4 e5   3. e4 Nc6   4. Nc3 d6   5. d3 f5   6. f4 （图 1）

图 1

这是一个罕见的开局。白马可以走到 d5 格，黑马可以走到 d4 格，都不受到兵的攻击，足以说明这一开局的特殊性。

第六局开局

1. ⋯ f5   2. f4 d5   3. d4 Nf6   4. Nf3 e6   5. e3 c5   6. c4 （图 1）

图 1

白马可以走到 e5 格，黑马可以走到 e4 格，都不受兵的驱赶，说明这一开局与上一开局同样特殊。

第一局排局

希格诺·皮埃特罗·佩特罗尼奥创作。

图 1

白方必须想法在 14 步内用兵将杀黑王。尽管白兵要穿过两排黑兵，但不允许用子或兵吃对方的兵。这个局面与《国际象棋战略》一书中马尔沙尔·萨克瑟排局非常相似。

答案如下：

1. Nd3 c×d3　2. Qc4 d2　3. Rd4 c×d4　4. Bg2 d3　5. Bd6 c×d6　6. Bd5 c×d5　7. Qc7 d4　8. Qd7 d5　9. Ra2 a3　10. b3 a4　11. b4 a5　12. b5 a6　13. Qc6+ Ka7　14. b6#

第二局排局

非常奇妙的排局，萨尔维奥创设。

图 1

白方必须迫使对方第一次走兵就将杀白王。

1. h4 Kf8　2. h5 Kg7　3. g4 Kf8　4. g5 Kg7　5. f4 Kf8　6. f5 Kg7　7. e4 Kf8　8. e5 Kg7　9. Kf2 Kf8　10. Kg3 Kg7　11. Kg4 Kf8　12. Rh4 Kg7　13. Bf4 Kf8　14. g6 Kg7　15. Kg5 Kf8　16. Qc8+ Kg7　17. Qd7 Kf8　18. e6 Kg7　19. Rg1 Kg8　20. Rgg4 Kg7　21. Nc3 Kg8　22. Ne4 Kg7　23. Qc7 Kg8　24. Qc8+ Kg7　25. Nf6 e×f6#

第三局排局

图 1

1. d7

这个局面出现在萨尔维奥两个朋友的对局中。

这个局面看来白方就要获胜，但黑方巧妙地弈成和棋。

1. ··· Qb5+　2. Kf6 Qc6+　3. Ke7 Q×d7+　4. Q×d7 R×h8　5. Qd3 Rc8　6. Q×e3 Rc6

轻松和棋。

这个局面非常有教育意义。黑方走得很好，只有成熟的棋手才会用后吃兵。

第四局排局

图 1

白方通过下列着法取胜。

1. c6+ R×c6　2. a8＝Q+ K×a8　3. K×c6 Kb8　4. b7 Ka7　5. Kc7

白方轻松取胜。

萨尔维奥错误地说，黑方可以走成和棋，让人感到莫名其妙。其着法如下：1. c6+ Ka8（如萨尔维奥所指示）2. b7+ K×a7，到此，萨尔维奥说和棋，因为白方若吃车就形成逼和；白方第2步棋若不走 b7+ 将军，而走王，黑方可走车吃 c 兵，白王吃车也形成逼和。

然而，白方必能取胜，着法如下：

1. c6+ Ka8　2. b7+ K×a7　3. b×c8=N+ Kb8　4. Kb6 K×c8

或者走 4. … Ka8　5. Na7 Kb8　6. c7+ Ka8　7. c8＝Q/R#。

当时，白方也可以兵吃车升变为象取胜。

5. c7 Kd7　6. Kb7

第五局排局

图 1

白方只有弃兵才能取胜。

1. Kg5 Bd4　2. Kh6 Bg7+

白方不能用车吃象，否则形成逼和，所以被迫走王，黑方再走象到 e5 格或 a1 格等，白方只有弃兵才能取胜。

1. g7+ B×g7

或者（a）1. … Kh7　2. Rb1 B×g7［或者（b）2. … Bd4（防止白车走到 g2 格）3. Rb4 Bf2（黑象如果吃兵，白方走 Rh4+，将如同变化（a）取胜）4. Rg4 Kg8　5. Kg6 Bd4　6. Re4 B×g7　7. Re8+ Bf8　8. Rd8 Kh8　9. R×f8#］3. Rh1+ Kg8（如果黑方垫象解将，白方走 Kf6，将得象取胜）4. Kg6 Kf8　5. Rf1+ Kg8　6. Rc1 白方轻松取胜。

2. Kg6 Bf8　3. Rb8 Kg8　4. Ra8 Kh8　5. R×f8#

第六局排局

图1

这个排局是和棋，白方无法取胜。萨尔维奥没有指出黑方最好的防守方法，但不难找出。

1. Kd6 Kb8

或者走 1. ··· Kc8　2. Kc6 Kb8　3. b7 Ka7，白方若保 b 兵将形成逼和。

2. Kc6 Kc8　3. b7+ Kb8，等等。

第七局排局

图1

这也是一盘和棋,白方无法用象白吃黑方 b7 兵,若用象换兵,则形成第六局排局局面也是和棋。

图 2

若白象换成白马(图 2 所示),白方能够取胜,下面是唯一的着法。

1. Kd6 Kb8 2. Kd7 Ka8 3. Ne5 Kb8 4. Kd8 Ka8 5. Nc6 b×c6

逼走之着。

6. Kc8/c7 c5 7. b7+ Ka7 8. b8=Q#

第八局排局

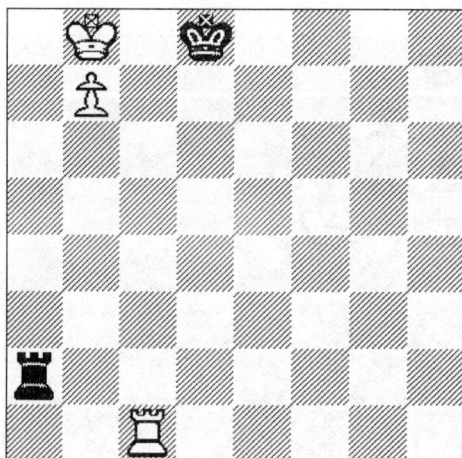

图 1

白方只有一种取胜方法。

1. Rc5 Ra1   2. Rd5+ Ke7   3. Kc7 Rc1+   4. Kb6 Rb1+   5. Rb5

用车垫将，白方必胜。

第九局排局

图 1

黑方必须在九步之内将杀白方，同时要求最后两步是一步用兵将军，接着一步用另一个兵将杀；并且要求不能吃白兵，即使白兵变后也不能吃。

1. ··· Qc6 +   2. Kg1 Qb6 +   3. Kh1 Qd8   4. Kg1 Rf2   5. Kh1 Kh6
6. Kg1 Qh4   7. d8 = Q

或者走 7. Kh1 Qb4   8. d8 = Q g2+   9. Kg1 h7#

7. ··· h2+   8. Kh1 g2#

第一局

1. e4 e5   2. Nf3 Nc6   3. Bc4 Bc5   4. O−O（Re1）（图 1）

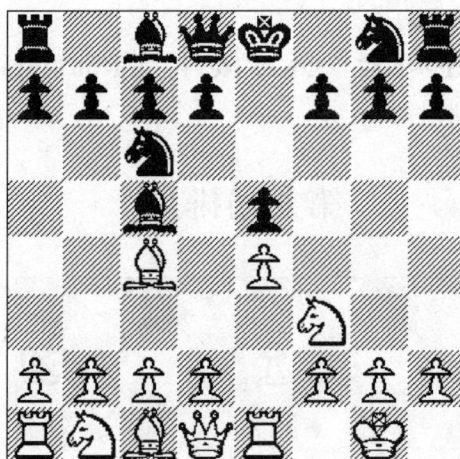

图1

4. … Nf6   5. c3 Ng4   6. d4 e×d4   7. c×d4 N×d4   8. N×d4 Qh4   9. Nf3
（图2）

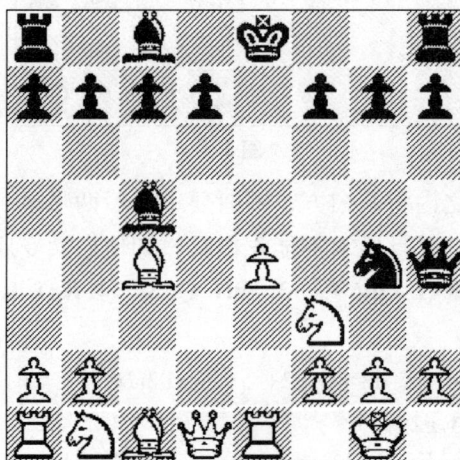

图2

在此，白方还有（a）和（b）两种走法：（a）9. h3 Q×f2+   10. Kh1 B×d4
11. Rf1 d5（如果白方接走 12. Q×g4 或 12. h×g4，会被将杀）12. e×d5 O-O，黑方
将获胜；（b）9. Be3 Q×h2+   10. Kf1 Qh1+   11. Ke2 Q×g2，黑方一马换三兵且
形势占优。

9. … Q×f2+   10. Kh1 Qg1+   11. R×g1/N×g1 Nf2#（图3）

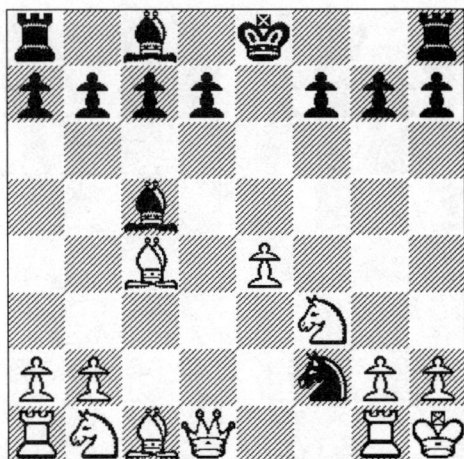

图3

闷杀白王。

白方第 7 步棋不走 7. c×d4，而走 7. B×f7+，黑方如果走 7. … K×f7，则 8. Ng5+，然后 9. Q×g4；黑方如果不吃象，走 7. … Kf8，白方则走 8. Bg5。

第 7 步棋，白方还可以走 7. h3，待黑马撤回后，再走 8. c×d4。

（a）变化的第 11 步，黑方走 11. … d5，白方不应吃 d5 兵，而应走 12. Be2，黑方形势很差。因此，黑方第 10 步棋用象吃马实际上不是好棋，而应该走：

10. … Qg3　11. h×g4 B×d4　12. Q×d4（12. Bf4 Qh4+　13. Bh2 Be5 14. g3 B×g3　15. Re2 d6，黑方多四兵对白方多一马）**12. … Qh4+　13. Kg1 Q×e1+　14. Kh2 Q×c1**，等等。

第二局

1. ··· e5　2. e4 Nf6　3. Nc3 Bc5　4. Bc4 O-O（Re8）（图1）
5. Nf3 c6　6. O-O（Re1）（图2）

图 1

图 2

6. ⋯ d5 7. exd5 e4 8. Ng5（图 3）

图 3

第三局

1. ⋯ e5 2. e4 Nf6 3. Nc3 Bc5 4. Bc4 O-O（Re8）（图 1）
5. Nf3 c6 6. O-O（Re1）（图 2）

图 1

图 2

6. ··· d5 7. e×d5 （图 3）

图 3

或者（a）6. ··· d5 7. Bb3 d×e4（或者（b）7. ··· d4 8. Nb1）8. N×e4。

7. ··· e4 8. Ng5

或者 8. d4 Bb4，黑方将得回兵，并且局势占优。

8. ··· Bg4 9. N×f7，等等。

第四局

1. e4 e5 2. Bc4 Bc5 3. Qe2 Nf6 4. B×f7+ K×f7 5. Qc4+ d5 6. Q×c5（图 1）

图 1

6. ⋯ N×e4 7. Qe3 Nf6，等等（图 2）。

图 2

黑棋形势大好。

第五局

1. e4 e5　2. Nf3 Nc6　3. Bc4 Nf6　4. Ng5 d5　5. e×d5 N×d5（图 1）

图 1

6. N×f7 K×f7　7. Qf3+ Ke6　8. Nc3 Nce7　9. O（Kh1）−O（Re1）（图 2）

图 2

9. … c6　10. d4 Kd6　11. N×d5 N×d5　12. B×d5 c×d5　13. R×e5（图 3）

图 3

白方用车吃兵比用兵吃兵将军更容易取胜。

第五局第一变例

1. e4 e5 2. Nf3 Nc6 3. Bc4 Nf6 4. Ng5 d5 5. e×d5 Na5（图4）

图 4

6. Bb5+ Bd7 7. Qe2（图5）

图 5

白棋大优。

第五局第二变例

1. e4 e5　2. Nf3 Nc6　3. Bc4 Nf6　4. Ng5 d5　5. e×d5 N×d5　6. N×f7 K×f7

7. Qf3+ Ke6　8. Nc3 Ncb4　9. O-O（Re1）（图 6）

图 6

9. … c6　10. Bb3，然后走 **11. a3**，等等（图 7）。

图 7

第五局第三变例

1. e4 e5 2. Nf3 Nc6 3. Bc4 Nf6 4. Ng5 d5 5. e×d5 N×d5 6. N×f7 K×f7 7. Qf3+ Ke6 8. Nc3 Nce7 9. O（Kh1）−O（Re1）c6 10. d4 Kd6 11. N×d5 c×d5（图 8）

图 8

12. d×e5+ Kc7

或者走 12. ⋯ Kc6 13. Qc3 d×c4（13. ⋯ d4 14. Qf3+/14. Qb3）14. Q×c4+，黑棋必输。

13. e6 d×c4 14. Bf4+ Kb6 15. Rad1 Qe8 16. Qe3+ Kc6 17. Rd6+ Kc7

如果走 17. ··· Kb5，则 18. Qe4，黑棋无法解杀。

18. Qc5+ Nc6　19. Rd7#（图 9）

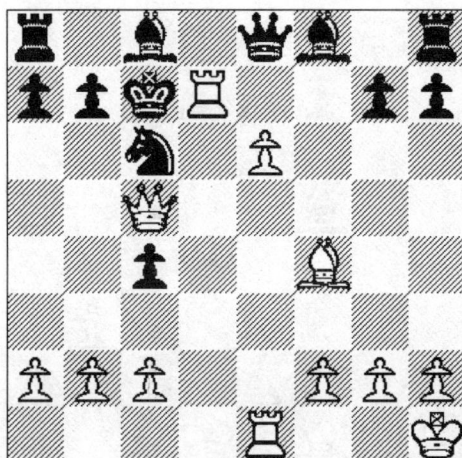

图 9

白棋双将杀黑棋。

第六局

1. e4 e5　2. f4 Nc6　3. Nf3 Bc5　4. f×e5 N×e5（图 1）

图 1

　　5. N×e5 Qh4+　6. g3 Q×e4+　7. Qe2 Q×h1　8. Ng6+ Ne7　9. N×h8 d6
10. Qh5

别无好着。

10. ··· Qe4+（图 2）

图 2

黑方通过将军保护 h2 兵，再走 11. ··· Qf5，最终得回失子。

第七局

1. ··· e5　2. e4 Bc5　3. Bc4 Nf6　4. d3 d6　5. Nf3（图 1）

图 1

5. ··· c6　6. Qe2 b5　7. Bb3 a5　8. Ng5 O–O　9. a3 h6　10. h4 h×g5
11. h×g5 Ng4

如果走 11. ··· Bg4，则 12. f3，白棋重新占优。

12. Qf3 B×f2+（图 2）

图 2

如果走 12. ··· N×f2，则 13. Rh8+ K×h8　14. Qh5+，再走 15. g6，白棋胜局已定。

13. Ke2

然后走 13. Qh3。

萨尔维奥分析到此，断言白方必胜。他的说法看来是正确的，但白方赢来并不容易。

第八局

1. e4 e5　2. Bc4 Bc5　3. Qe2 Nc6

走 3. ··· Qe7 较好，否则会有下面变例中白方第 4 步开始的变化。

4. c3 d6　5. d3 Qe7　6. f4

这时，若白后不在 e7 格，黑方会走 6. ··· B×g1，然后走 7. ··· h5。

6. ··· Bd7　7. Nf3 O（Kb8）-O-O（Re8）（图 1）

图 1

8. f5 g6 9. g4 h5 10. Ng5 Nh6 11. h3 f6 12. Ne6（图 2）

图 2

第八局变例

1. e4 e5 2. Bc4 Bc5 3. Qe2 Nc6（图 3）

图3

正如主变指出的那样，这里黑方应走3. ⋯ Qe7。

4. B×f7+ K×f7　5. Qc4+ Ke8　6. Q×c5（图4）

图4

白方多得一兵。

第九局

1. e4 e5　2. Bc4 Bc5　3. c3 c6

这步棋很不好，黑方应走3. ⋯ Qe7。

4. Qe2（图1）

135

图1

萨尔维奥没有指引黑方通过以下变化取得大优局面：4. d4 e×d4 5. B×f7+ K×f7 6. Qh5+ g6 7. Q×c5。

4. … Ne7

这又是一步错着，看来萨尔维奥不知道如何利用这步错着。通过如下变化白方可以取胜：5. B×f7+ K×f7 6. Qc4+ d5 7. Q×c5 d×e4 8. Q×e5。

5. d3 d6 6. f4 e×f4 7. B×f4 Ng6 8. Be3 B×e3 9. Q×e3 O-O 10. Nf3 Be6（图2）

图2

萨尔维奥说，黑棋占优，但黑棋优势并不明显，白棋子力占位也不错。

第十局

1. e4 e5　2. Bc4 Bc5　3. Qe2 Nf6　4. c3 O-O（Re8）（图1）

图1

5. d3 c6　6. Bg5 d5　7. Bb3 d×e4　8. d×e4（图2）

图2

看来双方开局走成均势。白方第 7 步应走 7. e×d5，不应退象。

第十一局

1. ··· **e5** **2. e4 Bc5** **3. Bc4 Nf6** **4. Nf3 N×e4** **5. d4 e×d4** **6. O-O** (**Re1**)（图1）

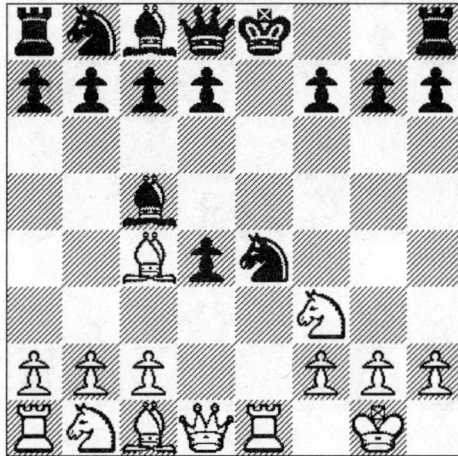

图1

6. ··· **O-O**（**Re8**）（图2）

图2

如果黑方不走王车易位，而走 6. ··· d5，白方应走 7. B×d5 Q×d5 8. Nc3，既捉后又提马，白棋占优。

7. B×f7+ K×f7 **8. R×e4 R×e4** **9. Ng5+ Kg8** **10. N×e4**，等等（图3）。

图 3

白方最后三步棋走得很巧妙，看来萨尔维奥插入此局就是想介绍这一点。然而，黑方七个兵对白方六个兵，应该是占优。白马吃回黑车后，黑方应接走10. ··· Qe7。

第十二局

1. ··· e5   2. e4 Nf6   3. Bc4 N×e4   4. Qe2 d5（图1）

图 1

5. Bb5+ c6   6. Ba4 f6   7. f3 Nc5（图2）

139

图 2

黑方保持多一兵。

第十二局第一变例

从白棋第 5 步开始变。

1. … **e5　2. e4 Nf6　3. Bc4 N×e4　4. Qe2 d5　5. d3 d×c4**（图 3）

图 3

6. Q×e4 c×d3　7. Q×e5+ Be6　8. c×d3 Q×d3　9. Q×c7（图 4）

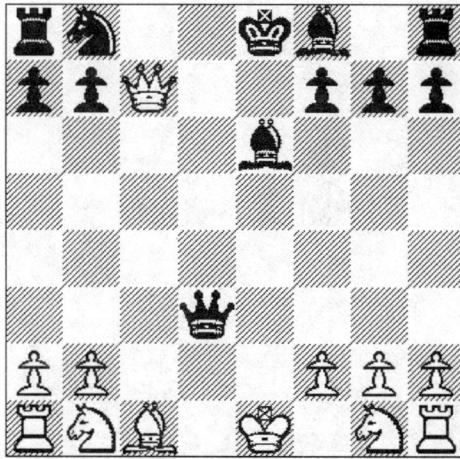

图 4

双方均势。

第十二局第二变例

从白方第 5 步开始变。

1. ··· e5　2. e4 Nf6　3. Bc4 N×e4　4. Qe2 d5　5. Bd3 f5　6. f3 Nc5（图 5）

图 5

7. Q×e5+ Kf7　8. B×f5 Nc6　9. Qf4 Bd6　10. Qg4 Re8+（图 6）

141

图 6

黑棋占优。黑方子力占位非常有利。

黑方第 6 步棋，如果不走 6. ··· Nc5，而走 6. ··· Qh4+将军，白方走 7. g3 垫将能得子。

第十三局

1. ··· e5　2. e4 Nf6　3. Nc3 Bb4　4. Bc4（图 1）

图 1

达米亚诺指导白方走 4. d3 保护 e4 兵，洛佩兹认为白方走 4. Bc4 更好（萨尔维奥注释）。编者赞同洛佩兹的观点。

4. ··· B×c3   5. d×c3 N×e4   6. B×f7+ K×f7   7. Qd5+ Ke8   8. Q×e4（图2）

图 2

白棋占优。

第十四局

1. e4 e6   2. d4 c6   3. Bd3 Be7   4. Nf3 Nf6   5. h4 O-O（**Re8**）（图1）

图 1

6. e5 Nd5   7. B×h7+ K×h7   8. Ng5+ B×g5（图2）

图 2

黑方不用象吃马而走 8. ··· Kg6（8. ··· Kg8 9. Qh5 B×g5 10. h×g5）9. g5+，黑方无法避免被将杀。

9. h×g5+ Kg6

如果走 9. ··· Kg8，则 10. Qh5 f6 11. Qh8+ Kf7 12. g6+ K×g6 或者走 12. ··· Ke7，两种走法都将立即被将杀。

10. Qh5+ Kf5 11. Qh3+ Kg6（图 3）

图 3

或者走 11. ··· Ke4，都不可避免下一步被将杀。

第十五局

1. e4 e6　2. c3 c6　3. d4 Be7　4. Bd3 Nf6　5. Nf3 O-O（Re8）（图 1）

图 1

6. h4 d5　7. e5 Ne4　8. Qe2 f5　9. g3 c5　10. Rg1 c4　11. Bc2 Nc6
12. Nh2 Bd7　13. f3 N×g3　14. R×g3 B×h4　15. Qf2 B×g3　16. Q×g3（图 2）

图 2

白方胜定。

第十六局

1. e4 d5　2. e5 d4　3. f4 c5　4. Nf3 Nc6　5. d3 e6（图 1）

图 1

6. Be2 b6　7. Ng5 Bb7　8. Bf3 Qd7　9. O（Kh1）－O（图 2）

图 2

9. ⋯ h6　10. Nh3 g6　11. c3 O-O-O（图 3）

图 3

黑王也可以直接易位到 b8 格。

这盘棋看来走得非常糟。

第十七局

1. e4 d5　2. e5 d4　3. f4 c5　4. Nf3 Nc6　5. d3 e6　6. Nbd2 f5（图 1）

图 1

黑方不走 6. … f5，可以走 6. … Qc7　8. Ne4 f5（按现在规则，可以吃掉这个过路兵）9. Ng3，双方布局都很好。

7. Ng5 g6　8. h4 h6　9. Ngf3 h5（图 2）

147

图 2

第十八局

1. e4 d5　2. e5 d4　3. f4 c5　4. Bc4 e6　5. Nf3 Nc6　6. a3（图 1）

图 1

或者走 6. Ng5 h6　7. Qh5 g6　8. Qh3 Be7　9. Ne4 f5。

6. ⋯ h6　7. d3 Qc7　8. Nbd2 Bd7　9. Ne4 O（Ka8）−O−O（Rc8）（图 2）

图 2

双方布局都很好。

第十九局

1. e4 d5　2. e×d5 Q×d5　3. Ne2 Bf5　4. Nbc3 Qd7　5. d4 e6　6. Ng3 Bg6
7. Bc4 Nf6　8. O-O（Re1）（图 1）

图 1

8. … Be7　9. d5 e×d5　10. N×d5

白方如果用象吃兵，黑方走 11. … c6，然后兑后，形势占优。

10. … O（Kh8）-O（Re8）（图 2）

图 2

11. Bf4 Na6　12. N×e7 R×e7　13. R×e7 Q×e7，等等（图 3）。

图 3

黑棋走得很差，总的来说，这盘棋开得不好。

第二十局

1. e4 e5　2. Nf3 Nc6　3. Bc4 Bc5　4. O-O（Re1）（图 1）

4. ⋯ Nf6　5. c3 O-O（Re8）（图 2）

图 1

图 2

6. d4 e×d4   7. Ng5 Rf8（图 3）

图 3

或者（a）7. ··· Re7   8. e5 d5   9. e×f6 R×e1+   10. Q×e1 d×c4   11. Ne4 Bb6   12. Bg5 白棋占优；或者（b）7. ··· d5   8. e×d5 R×e1+   9. Q×e1 N×d5 10. Qe4，等等。

8. e5 Ne8   9. Qh5（图 4）

图 4

黑棋必输。

王翼弃兵第一局

1. e4 e5 **2. f4 e×f4** **3. Nf3 g5** **4. Bc4 g4** **5. Ne5 Qh4+** **6. Kf1 Nh6**
7. d4 f3 （图1）

图 1

8. g×f3 Qh3+ **9. Kf2 d6** **10. B×h6 d×e5** **11. B×f8 R×f8** **12. d×e5 Q×f3+**
13. Q×f3 g×f3 **14. K×f3 f5** （图2）

图 2

王翼弃兵第一局变例

白方从第 8 步开始变。

**1. e4 e5 2. f4 e×f4 3. Nf3 g5 4. Bc4 g4 5. Ne5 Qh4+ 6. Kf1 Nh6
7. d4 f3 8. g3 Qh3+ 9. Kf2 Qg2+ 10. Ke3f6**（图 3）

图 3

也可走 10. … d6 **11. Bf1 Q×h1 12. Bb5+ c6 13. B×c6+ b×c6 14. Q×h1**。
依编者所见，黑方接走 d 兵吃马，一后换三子，黑棋占优。

11. Nd3 Nf7 12. Nf4 Bh6（图 4）

153

图 4

王翼弃兵第二局

**1. e4 e5　2. f4 e×f4　3. Nf3 g5　4. Bc4 g4　5. Ne5 Qh4+　6. Kf1 Nh6
7. d4 d6　8. Nd3**（图 1）

图 1

8. … f3　9. g3 Qe7（图 2）

图2

黑方如不退后，而走 9. … Qh3+，则 10. Ke1 Qg2　11. Nf2，然后白方有 12. Bf1 捉死后。

王翼弃兵第三局

1. e4 e5　2. f4 e×f4　3. Nf3 g5　4. h4 g4　5. Ne5 h5（图1）

图1

黑方如果走 5. … Qe7，白方不可走 6. N×g4，因为黑方接走 6. … d5 或者 6. … f5，黑棋占优。但是，白方可走 6. d4，黑方接走 6. … d6，白方再走 7. N×g4就没有危险了。

6. Bc4 Nh6　7. d4 Qf6　8. Nc3 c6　9. Bb3

或者走 9. Bd3。

9. ··· d6（图 2）

图 2

黑棋大优。

王翼弃兵第四局

1. e4 e5　2. f4 e×f4　3. Bc4 f5　4. e×f5/e5（图 1）

图 1

或者 4. B×g8 Qh4+　5. Kf1 R×g8　6. Nf3/e×f5 Qf6，通过这步棋，黑方保

持多一兵优势。

4. ⋯ Qh4+   5. Kf1 f3   6. B×g8 f×g2+   7. K×g2 R×g8（图2）

图2

黑棋大优。

王翼弃兵第四局变例

从白方第4步开始变。

1. e4 e5   2. f4 e×f4   3. Bc4 f5   4. Qe2 f×e4   5. Q×e4+（图3）

图3

这步棋可能是在萨尔维奥著作中可以发现的最粗心大意的一步棋。令人吃惊的是，这么优秀的棋手竟看不到走 5. Qh5+将军，迫使黑方走 g6，然后走

6. Qe5+抽吃黑车，黑车必丢，等等。

5. ··· Qe7 6. Q×e7+ N×e7 7. d4 Ng6 8. Bd3 Nc6 9. c3（图4）

图 4

或者走 9. B×g6+ h×g6   10. c3 Bd6   11. Nf3 Ne7，等等。

9. ··· Nce7

王翼弃兵第五局

1. e4 e5 2. f4 Qh4+ 3. g3 Qe7 4. f×e5 Q×e5 5. Nf3（图1）

图 1

如果走 5. Nc3 c6   6. Nf3 Qe7   7. d4 d5   8. e5，等等，白棋能占得更大优势。

5. ··· Q×e4+ 6. Kf2 Bc5+

或者走 6. ··· Be7 7. d4 Nf6 8. Bc4 d5，等等。

7. d4 Bb6 8. Bc4 Ne7 9. B×f7+（图2）

图 2

黑方不能吃象，因此白方占优。

白方第五步和第六步棋走得非常妙。在王翼弃兵开局中，进攻方经常诱对方的后吃 e 线兵，然后取得占优局面。

王翼弃兵第六局

1. e4 e5 2. f4 e×f4 3. Nf3 g5 4. Bc4 Bg7 5. h4 h6（图1）

图 1

6. h×g5 h×g5　7. R×h8 B×h8　8. Nh2 Qe7　9. Qh5 Bg7　10. Nc3 c6 11. Nf3 Bh6（图 2）

图 2

后翼弃兵第一局

1. d4 d5　2. c4 d×c4　3. e4 b5　4. a4 c6　5. a×b5 c×b5　6. b3（图 1）

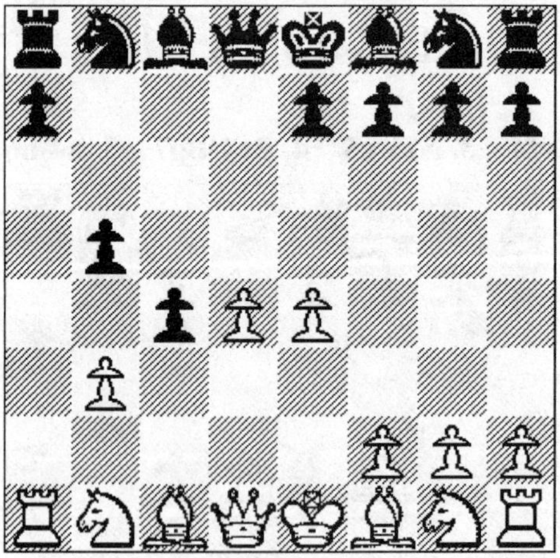

图 1

6. … b4　7. b×c4 a5　8. Bf4 Nd7　9. Nf3 f6　10. d5（图 2）

图 2

黑棋子力拥堵，局面很差。

萨尔维奥没有指出，不应该保护接受后翼弃兵的兵，与高手过招，保护这个兵，必输无疑。

后翼弃兵第二局

1. d4 d5　2. c4 d×c4　3. e3 b5　4. a4 c6　5. a×b5 c×b5　6. Qf3（图1）

图 1

黑棋必丢一子。

后翼弃兵第三局

1. d4 d5　2. c4 d×c4（图1）

图1

若改走 2. ··· c5（这步棋形成反弃兵）3. Nc3 e6　4. Nf3 Nc6　5. e3 Nf6 6. a3 a5　7. b3 b6，双方都没有优势，这个开局很不好。在后翼反弃兵（萨尔维奥这么命名），即双方都走弃兵的开局中，先手方占优，并能保持优势。

3. e3 b5　4. a4 Bd7　5. a×b5 B×b5　6. Nc3（图2）

图2

或者走 6. b3，白棋占优。

后翼弃兵第四局

1. d4 d5　2. c4 c6　3. Nc3 e6　4. c5（图1）

图1

或者（a）4. e3 Bb4　5. Bd2 Nf6　6. f3 O-O（Re8）　7. a3 Be7　8. c5；
或者（b）4. e3 Be7　5. c5 b6　6. b4 a5　7. Na4 Nd7　8. b5 c×b5　9. B×b5
b×c5　10. N×c5 B×c5　11. d×c5 Qc7　12. Ba3，白棋形势很好。

4. … b6　5. b4 a5　6. Na4 Nd7　7. a3 a×b4　8. a×b4 b5（图2）

图2

白马保不住了。

后翼弃兵第五局

1. d4 d5　2. c4 c6　3. Nc3 e6　4. e3 Be7　5. c5 e5　6. d×e5 B×c5（图1）

图1

均势。

白方让一兵一先开局第一局（让 f2 兵）

图1 所示，黑方先走。

图1

1. ··· e5　2. Nc3 d5　3. e4 d4　4. Nce2 Bg4　5. Nf3 B×f3　6. g×f3 Qh4+
7. Ng3 Nf6　8. Qe2（图 2）

图 2

或者走（a）8. Kf2 d3　9. B×d3 Nh5　10. Kg2 Nf4+，白棋必输。

8. ··· d3　9. Q×d3（图 3）

图 3

或者走（b）9. c×d3 Bc5，等等，白棋败势；或者走（c）9. Qf2 Nbd7
10. Nf5（或者走 10. B×d3 Bc5　11. Qg2/Qe2/Qf1 Nh5，白棋无法阻止黑马走到
f4 格而处劣势）10. ··· Q×f2+　11. K×f2 Bc5+　12. Kg2 g6，等等。

9. ··· Nh5　10. Qb5+ Nd7　11. Rg1 Bc5　12. Rg2 Nf4（图 4）
白棋必输。

图 4

这盘棋白方输棋的根源在于黑方第八步棋（8. … d3）走得非常巧妙，使白方 d 兵不能挺起。因此，黑方第四步棋走 4. … Bg4 时，白方应立即走 5. d3，接着黑方不立即吃白方 e2 马，白方再走 Nf3；黑方如果立即吃白方 e2 马，白方应该用象吃黑象，然后再走 Nf3。

如果第四步棋黑方不走 4. … Bg4，白方应立即走 Ng3，然后走 Nf3，接着走白格象，这样开局白方占优。

白方让一兵一先开局第二局（让 f2 兵）

1. … e5   2. c3 d5   3. d4 e4   4. Bf4 Bd6（图 1）

图 1

5. B×d6 Q×d6　6. e3 Nc6　7. c4，等等（图2）。

图2

这个开局看来对白方有利，然而却是非常危险的。黑方第四步棋如果不走 4. ··· Bd6，而走 4. ··· g5，迫使白象退回到 d2 格，如果退回到 g3 格，我认为黑方接走 e3 可以获胜。据我看来，白方不能消除黑方 e3 兵，只要这个兵站在那里，白方就很难出子。

白方让一兵一先开局第三局（让 f2 兵）

1. ··· e5　2. Nc3 d5　3. d4 e4（图1）

图1

或者走（a）3. ··· Qh4+ 4. g3 Q×d4 5. Q×d4 e×d4 6. N×d5，双方接近均势，黑方七兵对白方六兵，但白棋占位较优。

4. Bf4，等等（图2）。

图2

萨尔维奥说："这个开局与上一盘开局几乎相似。"但恰恰相反，比上盘棋优越得多，黑棋不能指望走 g5 取得成功。例如：4. ··· g5 5. Bg3 e3，上一盘开局，白方不能消除这个兵，这盘棋白方可以走 Qd3 轻易吃掉这个兵，黑方不能走 Qe7，因为白方可以马吃 d5 兵，再接着吃 e3 兵，等等。

白方让一兵一先开局第四局（让 f2 兵）

1. ··· e5 2. e3 Bc5（图1）

或者走（a）2. ··· Nc6 3. Qh5（或者走（b）3. c3 d5 4. d4 e4 5. c4，白棋形势占优。我认为，黑方第三步棋不应走 3. ··· d5，而应走 3. ··· d6。第四步棋不挺 e 兵，而走 4. ··· e×d4，白方必须走 5. c×d4，为后翼马腾出前进的格位）3. ··· Nf6 4. Qh4（或者走（c）4. Qg5 h6 5. Qg3 d5 6. Nf3 Ne4，等等）4. ··· Be7，白棋占优。

3. Qh5 Qe7 4. Nf3 Nf6 5. Qh4 c6 6. e4 d6 7. d3 Bb4+ 8. Bd2，等等（图2）。

图 1

图 2

这盘棋白棋非常有利，主要是黑方的第二步棋（2. … Bc5）走得很不明智。依我所见，黑棋几乎可以走任何一步棋，不至于让白棋把后轻易走到 h5 格。

白方让一兵一先开局第五局（让 f2 兵）

1. … e5　2. e3 d5　3. d4 e4　4. c4 c6　5. c×d5 c×d5　6. Qa4＋ Nc6
7. Nc3 Qh4＋（图 1）

图 1

大劣着。

8. g3 Qd8 9. Bb5 Nge7 10. Nge2 Be6 11. Nf4 a6（图2）

图 2

白方如接走 12. B×c6+，黑方走 12. ··· N×c6；白方如果走 12. Be2，黑方可走 12. ··· Ng6。

这盘棋白方占优，但黑棋走得极差。如果黑棋走得比较恰当，白棋必丢一兵，并处于劣势。例如：

1. ··· e5 2. e3 d5 3. d4 Qh4+ 4. g3 Qe4 5. Nf3 Bg4 6. Bg2（图3）

图 3

或者走（a）6. Be2 e×d4，白方不能吃兵，否则不是丢马，就得丢车；或者走（b）6. Kf2 B×f3 7. Q×f3 Q×c2+ 8. Be2 e4，白方劣势。

6. ··· e×d4

白方不能用任何一个子吃回这个兵，如果走 7. Q×d4，则 7. ··· B×f3，黑方得一子，等等。

下面介绍几则实战对局，这些对局是当时两位非常优秀的棋手走出的，他们偏爱王翼弃兵对局。作者选取这些对局是因为相信这些对局对业余棋手会有很大帮助，特别是帮助他们获得一种成功的防御体系，可以用来对抗弃马方所发动的强大攻势。

实战对局第一局

1. ··· e5　2. e4 f5　3. e×f5 Nf6　4. g4 Bc5　5. g5（图 1）

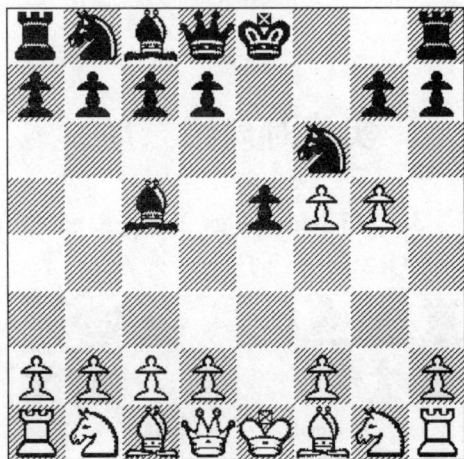

图 1

5. ··· O–O　6. g×f6 Q×f6　7. Bh3 e4　8. Nc3 c6　9. Qe2 Qd4　10. N×e4 Bb6　11. Nf3 Qb4　12. c3 Qe7　13. f6 g×f6　14. Rg1+ Kh8　15. d4 Na6　16. Ng3 Qf7　17. Nf5 Re8　18. Be3 Qd5　19. Nh6 Qh5　20. Bg4 Qa5　21. B×d7 Rf8　22. Qc4 Qd5　23. Q×d5 c×d5　24. B×c8 Ra×c8　25. Kd2 f5　26. Bg5 Rc6　27. Ne5 Rg6　28. Be7 Re8　29. Bf6+ R×f6　30. Nhf7+ R×f7　31. N×f7#（图 2）

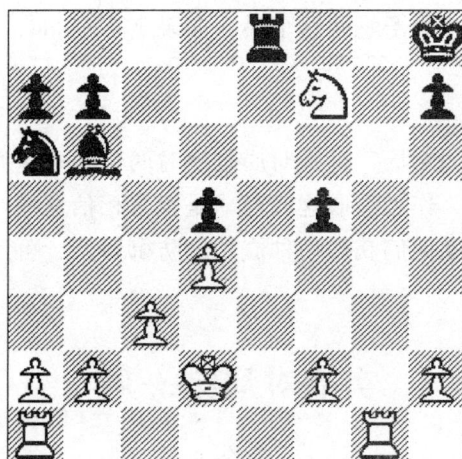

图 2

白方将杀黑王。

实战对局第二局

1. ··· e5　2. e4 f5　3. e×f5 Nf6　4. g4 Bc5　5. g5 O–O　6. g×f6 Q×f6
7. Bh3 c6　8. Nc3 d5　9. Qe2 e4（图 1）

图 1

10. N×e4 d×e4　11. Qc4+ Kh8　12. Q×c5 Na6　13. Qc3 Qh4　14. Qg3
Qf6　15. Ne2 Nb4　16. Kd1 B×f5　17. B×f5 Q×f5　18. Rg1 Rf7　19. a3 Nd5
20. b3 g6　21. Bb2+ Kg8　22. Rg2 Qf3　23. Ke1 Raf8　24. Bd4 b6　25. c4 c5

26. c×d5 c×d4　27. N×d4 Qf6（图2）

图2

28. Qc3 e3　29. d×e3 Re8　30. Rc1 Re4　31. Ne6 R×e6　32. Qc8+ Kg7
33. d×e6 Rf8　34. Qd7+ Kh6　35. e7 Rf7　36. Qh3+ Kg7　37. e8＝N+（图3）

图3

黑棋丢后输棋。

实战对局第三局

1. ··· e5　2. e4 f5　3. e×f5 Nf6　4. g4 Bc5　5. g5 O-O　6. g×f6 Q×f6
7. Qe2 d5　8. Nc3 c6　9. Ne4 d×e4　10. Qc4+ Kh8　11. Q×c5 B×f5　12. Bh3

Nd7 **13. Qe3 Nb6 14. d3 Nd5 15. Qg5 e×d3**（图1）

图 1

16. Q×f6 R×f6 17. B×f5 R×f5 18. c×d3 Nb4 19. Ke2 Rd8 20. Be3 N×d3
21. Rd1 e4（图2）

图 2

22. Nh3 c5 23. b3 b5 24. Rhg1 c4 25. Rg4 Re8 26. Nf4 h6 27. Ng6+
Kh7 28. Bd4 Rf7 29. Rdg1 c3 30. Nf4 N×f4+ 31. R×f4 Ree7 32. R×f7 R×f7
33. B×c3（图3）

174

图 3

白棋占优。

里奥展示的开局法

下面的对局选自 1769 年在摩德纳出版的一本非常珍贵的国际象棋专著，据说是当时非常著名的棋手里奥编著的。这个对局经常被运用，展示了弃马的强大攻势。因此，确立了一个信条："如果允许走意大利式王车易位，进攻势不可当。"

1. … e5　2. e4 f5　3. e×f5 Nf6　4. g4 Bc5　5. g5 O(Kh8)–O（图 1）

图 1

**6. g×f6 Q×f6　7. Qe2 Nc6　8. Qc4 B×f2+　9. Ke2 B×g1　10. R×g1 Nd4+
11. Kd1 d5　12. Q×d5 B×f5**（图 2）

图 2

黑棋定胜。

里奥展示的开局法第一变例

从白方第八步开始变。

**1. ⋯ e5　2. e4 f5　3. e×f5 Nf6　4. g4 Bc5　5. g5 O（Kh8）-O　6. g×f6
Q×f6　7. Qe2 Nc6　8. c3 d5　9. d3 B×f5　10. Nd2 B×d3**（图 3）

图 3

11. Q×d3 B×f2+　12. Kd1 e4　13. Qe2 e3　14. Nb3 d4　15. c×d4 N×d4

16. N×d4 Q×d4+　17. Kc2 Qe4+（图4）

图 4

白方丢车定输棋。

里奥展示的开局法第二变例

从白方第八步开始变。

1. … e5　2. e4 f5　3. e×f5 Nf6　4. g4 Bc5　5. g5 O-O　6. g×f6 Q×f6

7. Qe2 Nc6　8. Nh3（图5）

图 5

8. … d5　9. Bg2 B×f5　10. d3 B×h3　11. B×h3 Qh4　12. Qg4 Q×f2+

13. Kd1 Nd4　14. Qg2 N×c2（图6）

图 6

黑方将获胜。

附注：黑方第 11 步不应走 11. … Qh4，而应走 11. … Nd4。

里奥展示的开局法第三变例

从白方第八步开始变。

1. … e5 **2.** e4 f5 **3.** e×f5 Nf6 **4.** g4 Bc5 **5.** g5 O-O **6.** g×f6 Q×f6
7. Qe2 Nc6 8. Bh3（图 7）

图 7

8. … d5 **9.** c3 B×f5 **10.** d3 B×h3 **11.** N×h3 Qh4 **12.** Qf1 Rf3 **13.** Ng1
R×f2（图 8）

图 8

白方难挽败局。

编者非常想介绍下面四局棋，因为编者坚信其中包含许多大师的奇招妙法，使棋手可以判断，c 线兵挺进两格是否开始让对手占优。

这四局棋选自非常珍稀的意大利手抄本，是议员莫里斯先生非常友好地传递给我的，莫里斯无可争议地是当今顶尖高手。

这种开局叫作西西里防御。

西西里防御第一局

1. e4 c5　2. f4 Nc6　3. Nf3 d6　4. Bc4 Nh6　5. O-O Bg4　6. c3 e6（图 1）

7. h3 B×f3　8. Q×f3 Qd7　9. d3 O-O-O　10. f5 Ne5　11. Qe2 N×c4
12. B×h6 Na5　13. b4 Nc6　14. Bd2 e×f5　15. e×f5 f6（图 2）

16. b5 Ne7　17. Qe6 Q×e6　18. f×e6 Ng6　19. d4 d5　20. Be3 c4　21. Bc1
Re8　22. Re1 Bd6　23. a4 Nf8　24. Nd2 N×e6　25. Nf3 g5　26. Nh2 h5（图 3）

图 1

图 2

图 3

27. a5 Rhg8　28. a6 b6　29. Nf1 f5　30. Ne3 Nc7　31. Rf1 f4　32. Nd1
Ne6　33. Ra2 g4　34. Nf2 f3　35. h×g4 h×g4　36. Nh1，等等。

西西里防御第二局

1. e4 c5　2. b4 c×b4　3. d4 e6　4. a3 b×a3　5. B×a3 B×a3　6. R×a3 Nc6
（图 1）

图 1

7. c4 Nf6　8. e5 Ng8　9. f4 Nh6　10. Nf3 O−O　11. d5 e×d5　12. c×d5
Ne7　13. d6 Ng6　14. Qd2 Qb6　15. Nc3 Nf5　16. Nd5 Qb1+　17. Kf2 b6
18. Rg1 Qe4　19. Nc7 Rb8（图 2）

图 2

20. Bd3 Q×f4　21. Q×f4 N×f4　22. B×f5 a5　23. Rb1 Rb7　24. Be4 Rb8
25. R×a5 b×a5　26. R×b8 f6　27. Bd5+ N×d5　28. N×d5 Kf7　29. Ne7 Ba6
30. R×f8+ K×f8，等等（图 3）。

图 3

西西里防御第三局

1. e4 c5　2. f4 e6　3. Nf3 Nc6　4. c3 d5　5. e5 Be7　6. d4 c4　7. Be2 Bh4+ 8. g3 Be7（图 1）

图 1

9. Be3 Bd7　10. Nbd2 Nh6　11. b3 b5　12. a4 a6　13. a×b5 a×b5　14. b4 O-O　15. O-O Nf5　16. Bf2 R×a1　17. Q×a1（图 2）

图 2

17. ⋯ N×b4　18. c×b4 B×b4　19. Qb1 Qa5　20. Qc2 Bc3　21. h3，等等
（图 3）。

图 3

西西里防御第四局

1. e4 c5　2. b4 c×b4　3. d4 e6　4. a3 b×a3　5. c4 Bb4+　6. Bd2 B×d2+　7. Q×d2 d5　8. e5 d×c4　9. B×c4 Nc6　10. Ne2 Nge7　11. R×a3 O–O　12. O–O Nf5（图 1）

图 1

**13. Rd3 a6   14. f4 b5   15. Bb3 a5   16. g4 Nh6   17. h3 a4   18. Bc2 b4
19. f5 e×f5   20. g5 b3   21. Bd1 Qa5   22. Qf4 Qb5   23. Rg3 Bd7   24. g×h6 g6
25. Qg5 f6   26. e×f6 Rf7   27. Nf4 N×d4**（图 2）

图 2

28. N×g6 Ne6   29. Ne7+ Kh8   30. Qg7+（图 3）

图 3

或者走 30. Qg8+ R×g8　31. R×g8#。

30. ⋯ N×g7　31. f×g7+ R×g7　32. h×g7#

将杀。

第二部

格雷科国际象棋著作

英文编译者刘易斯序

格雷科被交口称赞为出类拔萃的国际象棋棋手是当之无愧的。远见卓识的棋评家认为，他的著作技艺高超、别出心裁，才华横溢和富有教益。多年来，格雷科的著作一直是凤毛麟角，因此，我认为，出版一部英文译本对业余棋手的贡献功不可没。翻译过程中，做些力所能及的改进，在我看来是必不可少的。

据此观念，我认真地审视了所有的棋局，对双方似乎走得不精确的着法提出改进意见，以注解形式附在页底。这些注解数量可观，希望对初学者甚至对技艺了得的棋手都有所裨益。

格雷科的进攻方法臻于完美，无可改进，但对他的防御体系却不敢恭维。明显可见，他的大多数棋局都赢得非常精彩，其防守就必存瑕疵。这还不是唯一的缺点。有些棋局的进攻是建立在劣着的基础上。一方走了劣着，却赢了，因为对方接着走了更劣的着法。因此，有时采用格雷科的进攻方法是危险的，因为对手应对正确，将会占优。当然，绝大多数棋局不是如此，特别是弃兵局更不是如此，往往是进攻方的对手出错在先。

格雷科对各棋局顺序的安排几乎不予关注，我对此尽力做些弥补，把类似的棋局安排在一起，可以更容易互相参照。

格雷科把每个棋局都单列一章，我把许多这样的棋局称为（实际也是）前一棋局的变例。从起步到开始变化的着法以斜体印刷，或者插图显示开始变化时各子的位置。

下面的格雷科简介主要摘自特威斯先生（Mr. Twiss）《国际象棋》一书。该书妙趣横生，令人心旷神怡。

吉奥阿奇诺·格雷科通常叫作卡拉布里亚人。他出生在卡拉布里亚，家世卑微。他偶然学会下国际象棋，进步很快。当时著名棋手唐·马里亚诺·玛拉诺得知他具有下国际象棋的天资，就把他带到家中，教他下棋。格雷科进步神速，不久与师傅不相上下。

贝耶勒在其词典中对格雷科评述如下：

"吉奥阿奇诺·格雷科棋艺高超，我奉献短文对他推崇，毫不足奇。任何人在所从事的专业上出类拔萃，理应得到推崇。这个国际象棋手当时无人匹敌。他走遍欧洲所有宫廷，其国际象棋技艺令人惊叹不已。他在法国宫廷发现一些著名棋手，诸如尼莫尔斯公爵、阿瑙德先生，以及肖芒特、拉·萨勒等。这些棋手自以为胜人一筹，却无一能与格雷科交手，也根本不是对手。格雷科一度是国际象棋第一杀手，周游列国，寻找骑士，挑于马下，未遇敌手。"

以上陈述显然有点夸张，据萨尔维奥说，格雷科当时稍逊于玛拉诺及其他一些意大利棋手。

格雷科著作第一个英文版本于 1656 年在伦敦由赫林曼出版，有许多谬误。

1750 年出版了另一个 24 开本，书名是"国际象棋捷径，卡拉布里亚人吉奥阿奇诺·格雷科棋局，附加其他棋局和开局，以评注和一般法则描述。整体安排巧妙，任何人无须其他帮助几天之内就可学会下国际象棋。"请读者不要受此冠冕堂皇的书名误导，不要以为这么难学的国际象棋游戏几天之内就可学会。成为中等棋手，大量实践必不可少；成为一流高手，天才和苦功缺一不可。

这个版本的书名页有一幅插图，复制于 C. D. 莫尔绘画的复制品，该复制品非常精美，与原作尺码一致，是小对开纸。图中展示，一个老者与一个青年坐着下国际象棋，一中年男子手持酒杯，站着俯身观棋；墙壁下段挂着一把吉他；衣着和家具都是 16 世纪所用。

书名所提到的附加其他棋局和开局主要取自菲利多尔对局。

1752 年，在伦敦印刷了格雷科著作的法文版，与在巴黎印刷的版本差别不大。

格雷科年迈时故于东印度群岛。格雷科许多棋局一直被后来的国际象棋作家复用，他高超的进攻技艺一直被提到他的作家们交口称赞。

本文结束前，我不得不表达一个希望，希望本书对青少年棋手大有帮助，也希望能引起对国际象棋认真研究的业余棋手的关注。我绝大部分闲暇时间专心致力于国际象棋，就是希望我的努力能丰富国际象棋知识的宝库。

第一部分　第二、三、四部分之外的各种开局

第一局

这局棋的进攻和黑方第九步以后的变化走得非常妙。

1. e4 e5　2. Nf3 Nc6　3. Bc4 Bc5　4. c3 Nf6

普遍走这步棋，在我看来，不如走 4. … Qe7。

5. d4 e×d4　6. c×d4

不应走这步棋，应走 6. e5。

6. … Bb4+　7. Nc3

走 7. Bd2 更好，如果黑方走 7. … B×d2+，则 8. N×d2，保护 e4 兵，然而，黑方可走 8. … d5，取得均势。

7. … N×e4　8. O—O N×c3

黑方应该用象吃马，然后走 9 … d5，或者王车易位。

9. b×c3 B×c3

走 9. … Be7 或者 9. … d5 较好。

10. Qb3

这步棋奠定了胜局，没有任何棋手愿意以车换象，然而，白方的进攻势不可当。

10. … B×a1

另一走法是 10. … B×d4，参见第三变例。

11. B×f7+ Kf8　12. Bg5 Ne7　13. Ne5

走 13. Re1 也能赢棋。

13. ··· B×d4　14. Bg6 d5　15. Qf3+ Bf5　16. B×f5

这步棋显示了第十四步棋走 14. Bg6 远远优于走 14. Bh5。

16. ··· B×e5

如果走 16. ··· Ke8，则 17. Bg6+，然后走后到 f7 格将杀。

17. Be6+ Bf6　18. B×f6 g×f6　19. Q×f6+ Ke8　20. Qf7#

第一局第一变例

从黑方第十三步开始变。

**1. e4 e5　2. Nf3 Nc6　3. Bc4 Bc5　4. c3 Nf6　5. d4 e×d4　6. c×d4 Bb4+
7. Nc3 N×e4　8. O−O N×c3　9. b×c3 B×c3　10. Qb3 B×a1　11. B×f7+ Kf8
12. Bg5 Ne7　13. Ne5**（图 1）

图 1

13. ··· d5　14. Qf3 Bf5　15. Be6 g6

如果黑方走 15. ··· h6，则 16. B×f5，等等。

16. Bh6+ Ke8　17. Bf7#

第一局第二变例

从黑方第十二步开始变。

**1. e4 e5　2. Nf3 Nc6　3. Bc4 Bc5　4. c3 Nf6　5. d4 e×d4　6. c×d4 Bb4+
7. Nc3 N×e4　8. O−O N×c3　9. b×c3 B×c3　10. Qb3 B×a1　11. B×f7+ Kf8
12. Bg5**（图 2）

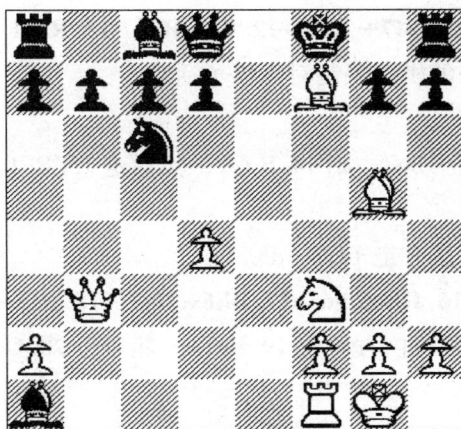

图 2

12. … N×d4

这步棋是大劣着，明显要丢后。

13. Qa3+ K×f7　14. B×d8 R×d8　15. R×a1 Nc2

这又是一步劣着，马上丢马。

16. Qb3+ Kf8　17. Q×c2

白方将获胜。

第一局第三变例

从黑方第十步开始变。

1. e4 e5　2. Nf3 Nc6　3. Bc4 Bc5　4. c3 Nf6　5. d4 e×d4　6. c×d4 Bb4+

7. Nc3 N×e4　8. O-O N×c3　9. b×c3 B×c3　10. Qb3（图3）

图 3

10. ··· B×d4　11. B×f7+ Kf8　12. Bg5 Bf6　13. Rae1

这是一步非常好的棋，限制对方棋子活动。

13. ··· Ne7

黑方如果走 13. ··· Be7，则 14. R×e7，然后走 15. Re1。

14. Bh5 Ng6

在第四变例中，黑方走 14. ··· d5。

15. Ne5 N×e5　16. R×e5 g6　17. Bh6+ Bg7　18. Rf5+ g×f5

如果走 18. ··· Ke7，白方可走 19. Re1+，然后走 20. Qd5 将杀。

19. Qf7#

第一局第四变例

从第三变例第十四步开始。

**1. e4 e5　2. Nf3 Nc6　3. Bc4 Bc5　4. c3 Nf6　5. d4 e×d4　6. c×d4 Bb4+
7. Nc3 N×e4　8. O–O N×c3　9. b×c3 B×c3　10. Qb3 B×d4　11. B×f7+ Kf8
12. Bg5 Bf6　13. Rae1 Ne7　14. Bh5**（图 4）

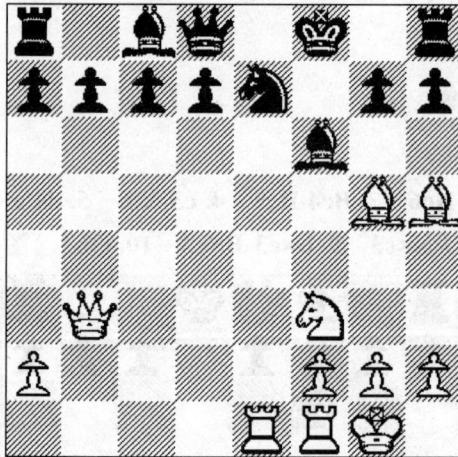

图 4

14. ··· d5　15. R×e7 K×e7

（或者 A）

16. Re1+ Kf8

（或者 B）（或者 C）

17. Qb4+ Kg8　18. Re8+

白方得后胜。

（或者 A）

15. ⋯ Q×e7　16. Re1 Qd7

（或者 D）

17. Qb4+ Kg8

如果黑方用后垫将，白方用车将杀。

18. Re8+

白方得后胜。

（或者 B）

16. ⋯ Kd7　17. Q×d5#

（或者 C）

图 5

　　（图 5）**16. ⋯ Kd6　17. Bf4+ Kc6　18. Rc1+ Kd7　19. Q×d5+ Ke7** **20. Qf7#**

　　（或者 D）

　　（图 6）**16. ⋯ Be6　17. Nd4 B×g5　18. N×e6+ Kg8　19. Q×d5 c6** **20. Qb3 Qf6　21. N×g5+**

　　走 21. Nd8+可两步将杀。

　　21. ⋯ Kf8　22. Qb4+ Kg8　23. Bf7+ Q×f7　24. N×f7

白方得后胜。

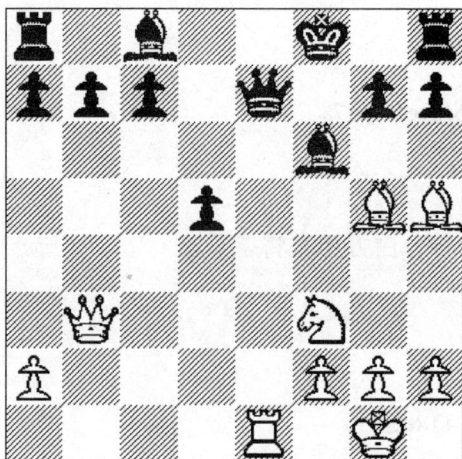

图 6

第二局

1. e4 e5　2. Nf3 Nc6　3. Bc4 Bc5　4. c3 Nf6　5. d4 Bb6

黑方这步棋是败着，应走 5. … e×d4。

6. d×e5 N×e4

黑方另有三种走法：第一种走法 Nh5，第二种走法 Ng4，第三种走法 Ng8。

7. Qd5 N×f2　8. Q×f7#

黑方上一步不走马吃兵，虽然不会被将杀，但丢马。

第一种走法

6. … Nh5　7. B×f7+ K×f7　8. Ng5+

如果黑方走 Kg6，白方走 Qg4，将很快获胜；如果黑方走 Kg8，将两步被将杀；如果黑王走到其他位置，白方吃马胜势。

第二种走法

6. … Ng4　7. B×f7+

如果黑方用王吃象，白方用马将军，用后吃马，因此，黑方走……

7. … Kf8

至此，许多国际象棋作者建议白方接走王车易位，我认为不是最好着法，因为黑方可以用马吃 f 兵，白方用一车换一马一象，黑方可以安全地吃掉白方

白格象，所以，我主张走

8. Bg5 B×f2+

（或者 A）

9. Ke2 Ne7　10. Qb3

黑方必须走黑格象，否则白方进一步 h 兵，黑方丢子，白方接着走
11. Bh5，不仅可得一子，而且有强大攻势。

（或者 A）

**8. … N×f2　9. Qb3 Ne7　10. Bh5 g6　11. Rf1 g×h5　12. Nd4 B×d4　13. c
×d4**

白方接着吃马，胜势。

第三种走法

6. … Ng8　7. Bg5

黑方如接走 7. … f6，则 8. e×f6 g×f6，黑方不但少一兵，而且局面很差；
黑方又如走 7. … Nd7，白方走 8. Qb3，将得一兵；黑方最好的应着是走 7. …
Ne7，白方也占大优。

第三局

**1. e4 e5　2. Nf3 Nc6　3. Bc4 Bc5　4. c3 Qe7　5. O−O d6　6. d4 Bb6
7. Bg5 f6**

走 7. … Nf6 较好。

8. Bh4 g5

这看起来是步好棋，其实是劣着，白方可以弃马取得强大攻势。

9. N×g5 f×g5　10. Qh5+ Kd7　11. B×g5 Qg7

（或者 A）

12. Be6+

妙着！

12. … K×e6　13. Qe8+ Nge7

垫将已无济于事。

14. d5#

（或者 A）

11. ··· Qf8 12. Bf7 e×d4

（或者 B）

13. Qg4#

（或者 B）

图 1

（图 1）**12. ··· Nce7 13. d×e5 d×e5**

（或者 C）

14. Rd1+ Kc6 15. Be8+ Kc5 16. Be3+ Kc4 17. b3#

（或者 C）

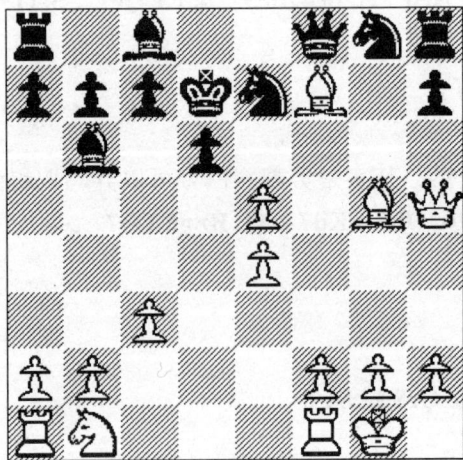

图 2

（图 2）**13. ··· h6 14. Bh4 Rh7 15. e6+ Kc6**

（或者 D）

16. Be8+

白方得后胜。

（或者 D）

图 3

（图 3）　**15. ⋯ Kd8　16. e5 d5　17. Qf3 c6　18. c4 Kc7　19. Qa3 Kb8**

（或者 E）

20. B×g8 Q×g8　21. B×e7

白方将获胜。

（或者 E）

图 4

（图 4）　**19. ⋯ c5　20. c×d5 N×d5**

（或者 F）

21. Qd3 R×f7   22. Q×d5 Rf4   23. e7 N×e7   24. Qd6#

（或者 F）

图 5

（图 5）**20… Nf5   21. Bg3 N×g3   22. Q×g3 Rg7   23. Qb3 h5   24. e7 Q×f7**

（或者 G）

25. d6+ Kd7

如果黑方走 25. … Kb8，白方兑掉后，再走 e8＝Q 胜。

26. Qb5+ Ke6   27. e8＝Q+ Q×e8   28. Q×e8+

白方胜。

（或者 G）

图 6

（图 6）**24. ··· N×e7　25. d6+ Kd7　26. Qe6+ Kd8　27. d×e7+ Q×e7**
28. Rd1+ Bd7　29. Q×e7+ K×e7　30. B×h5 Rag8　31. Bf3 Bc6　32. B×c6 b×c6
33. g3 Rg5　34. f4

白棋胜势。

第三局第一变例

从黑方第十步开始变。

1. e4 e5　2. Nf3 Nc6　3. Bc4 Bc5　4. c3 Qe7　5. O-O d6　6. d4 Bb6
7. Bg5 f6　8. Bh4 g5　9. N×g5 f×g5　10. Qh5+ Kd8　11. B×g5 Nf6　12. Qh6
Rf8　13. f4 e×d4　14. e5 d×c3+　15. Kh1 c×b2　16. e×f6 b×a1=Q

（或者 A）

17. f×e7+ N×e7　18. Q×f8+ Kd7　19. Bb5+ Nc6

如果进 c 兵垫将，则后吃马将杀；如果黑方走 19. ··· Ke6，则 20. Re1+
Kd5　21. Qf7+ Kc5 /Kd4　22. Qc4# 。

20. Qe7#

（或者 A）

图 7

（图 7）**16. ··· R×f6　17. Q×f6 b×a1=Q　18. Q×a1 Bd4　19. B×e7+ K×e7**
20. Nc3

白棋胜。

第三局第二变例

从黑方第十步开始变。

1. e4 e5   2. Nf3 Nc6   3. Bc4 Bc5   4. c3 Qe7   5. O-O d6   6. d4 Bb6 7. Bg5 f6   8. Bh4 g5   9. N×g5 f×g5   10. Qh5+ Kf8   11. B×g5 Qe8   12. Qf3+ Kg7   13. B×g8 R×g8

（或者 B）

14. Qf6#

（或者 B）

图 8

（图 8）**13. ⋯ K×g8   14. d5 Ne7   15. Bf6 Qf7   16. Nd2 h6   17. B×h8 Q×f3   18. N×f3 K×h8   19. h3**

白方这步棋和下步棋目的是限制黑方白格象。

19. ⋯ Bd7   20. c4 Bd4

这步不是好棋，应该出动车。

21. N×d4 e×d4   22. Rad1 c5   23. f4 Rf8   24. e5 d×e5   25. f×e5 R×f1+ 26. R×f1 Kg7   27. e6 Be8   28. d6 Nc6   29. d7 Bg6

黑方若走象吃兵，白方也可轻松获胜。

30. e7 N×e7   31. d8=Q

白棋胜。

第四局

**1. e4 e5 2. Nf3 Nc6 3. Bc4 Bc5 4. c3 d6 5. d4 e×d4 6. c×d4 Bb4+
7. Nc3 Nf6 8. O-O B×c3 9. b×c3 N×e4 10. Re1 d5 11. R×e4+**

更好的着法是走 11. B×d5，接着走 12. Ng5，再接着走 13. c4。

11. ⋯ d×e4 12. Ng5 O-O

这步王车易位不是好棋，走 12. ⋯ Qe7 较好。

13. Qh5 h6 14. N×f7 Qf6

（或者 A）

15. N×h6+ Kh8 16. Nf7+ Kg8 17. Qh8#

（或者 A）

图 1

（图 1）**14. ⋯ R×f7 15. B×f7+ Kf8**

（或者 B）（或者 C）

16. Ba3+ Ne7 17. Bb3 Qe8 18. Qd5 c5 19. B×c5 a6 20. Qg8#

（或者 B）

（图 2）**15. ⋯ Kh7 16. B×h6 g×h6 17. Qg6+ Kh8 18. Q×h6#**

（或者 C）

参见图 1。

（图 2）**15. ⋯ Kh8 16. B×h6 Bg4 17. B×g7+ K×g7 18. Qg6+ Kf8**

图 2

19. Bb3 Qe8

黑方如果走 19. ⋯ Qd7，将丢车。

20. Qg8+ Ke7　21. Q×g4 Kd8　22. Re1 e3　23. R×e3

白棋胜。

第五局

1. e4 e5　2. Nf3 Nc6　3. Bc4 Bc5　4. c3 Nf6　5. d4 e×d4　6. c×d4 Bb6

黑方这步棋是败着，应该走 6. ⋯ Bb4+。

7. e5 Ng8

黑方如果走 7. ⋯ d5，白方则走 8. e×f6，黑方走 8. ⋯ d×c4，白方进一步 d 兵，再走后到 e2 格将军，等等。

8. d5 Nce7

黑方如果走 8. ⋯ Na5，则 9. Bd3，黑方被迫走 9. ⋯ c5（否则白方有 b4，黑方将丢马），白方接着可走 10. d6，取得大好局面。

9. d6 Nc6　10. Qd5 Nh6　11. B×h6 Rf8　12. B×g7 Nb4　13. Qd2 Rg8 14. Bf6

白方得后胜。

第五局变例

从黑方第九步开始变。

1. e4 e5 2. Nf3 Nc6 3. Bc4 Bc5 4. c3 Nf6 5. d4 e×d4 6. c×d4 Bb6 7. e5 Ng8 8. d5 Nce7 9. d6 c×d6 10. e×d6 Nc6 11. Qd5

白方也可以走 11. Bg5，如果黑方应以 11. ··· f6，则 12. Qd5，可以快速取胜。因此，黑方被迫应以 11. ··· Nf6，白方则可以用后将军，再王车易位。

11. ··· Qf6 12. O−O Nh6 13. Re1+ Kf8 14. Bg5 Q×b2

（或者 A）

15. B×h6 B×f2+

如果走 15. ··· Q×f2+，则 16. Kh1 Nd8 17. B×g7+ K×g7 18. Qg5+ Kf8 19. Re8+ K×e8 20. Qe7#。

16. Kf1 Qf6 17. Bg5 Qg6 18. K×f2 a6 19. Nh4 Qh5 20. Be7+ Kg8 21. Q×h5 g6 22. Qh6

白棋胜。白方走 22. Bf6，也是好棋。

（或者 A）

图 1

（图 1） **14. ··· Qf5 15. Qd2 Ba5 16. Nc3 b6**

黑棋已处劣势，这步棋使局势劣上加劣，走 16. ··· Qg6 较好。

17. B×h6 g×h6

这步棋大劣着，应走白格象。

18. Q×h6+ Kg8 19. Re8#

第六局

1. e4 e5 2. Nf3 Nc6 3. Bc4 Bc5 4. c3 Nf6 5. d4 e×d4 6. c×d4 Bb4+ 7. Bd2 N×e4

黑方应该换掉黑格象，然后 d 兵挺进两格。

8. B×b4 N×b4 9. B×f7+ K×f7 10. Qb3+ d5 11. Ne5+ Kg8 12. Q×b4 Qf6 13. O-O c5 14. Qb5 b6

大劣着，走 14. … h6 较好。

15. Qe8+ Qf8 16. Qc6 Ba6 17. Q×d5+ Qf7 18. Q×f7#

第七局

1. e4 e5 2. Nf3 Nc6 3. Bc4 Bc5 4. c3 Nf6 5. Ng5

这是步好棋，可保持持久攻势。

5. … O-O 6. d3 h6

走 6. … d6 较好。

7. h4 h×g5

败着，仍然应走 7. … d6。

8. h×g5 Nh7

如果走 8. … d5，则 9. B×d5 N×e5 10. Qh5，白方速胜。

9. Qh5

用不了几步，白方就可获胜。

第八局

1. e4 e5 2. Nf3 Nf6

这步棋不好，应走 2. … Nc6。

3. N×e5 N×e4 4. Qe2 Qe7

很明显，黑方若走 e 线马，白方有 5. Nc6 得后。

5. Q×e4 d6 6. d4 f6 7. f4 Nd7 8. Nc3 d×e5 9. Nd5 Qd6 10. d×e5 f×e5 11. f×e5 Qc6

黑方若用后吃兵，将丢 a8 格的车；若用马吃兵，白方走 12. Bf4，黑方将丢马。

12. Bb5 Qc5　13. Be3

白方走 13. b4，也能得后。

13. … Q×b5　14. N×c7+

白方得后胜。

第九局

1. e4 e5　2. Nf3 d6

封住了黑格象的出路，不如走 2. … Nc6 好。

3. Bc4

走 3. d4 也是好棋。

3. … Bg4　4. h3 Bh5　5. c3 Nf6　6. d3 Be7　7. Be3 O–O

走王车易位不是好棋，较好的着法是出动后翼马，或者用象吃马。

8. g4 Bg6　9. Nh4 c6

走 9. … d5 较好。

10. N×g6 h×g6　11. h4 b5

黑方的目的是防止白方白格象对 f7 兵的进攻，本可以进一步 d 兵就行了，却进完 b 兵，再进 a 兵，在关键时刻浪费了一步棋。

12. Bb3 a5　13. a4 b4　14. h5 g×h5　15. g5

这步进兵比吃兵好得多。

15. … Ng4　16. R×h5 N×e3　17. Rh8+ K×h8　18. Qh5+ Kg8　19. g6 Re8

如果黑方走 19. … Nc2+，白方既不要用象吃马，也不要把王走到 d2 格（黑方有挽救败局的希望），应该把王走到 f1 格，确保完美的胜局。

20. Qh7+ Kf8　21. Qh8#

第九局第一变例

从黑方第四步开始变。

1. e4 e5　2. Nf3 d6　3. Bc4 Bg4　4. h3 B×f3　5. Q×f3 Nf6

走 5. … Qd7 要好得多。

6. Qb3 N×e4　7. B×f7+ Kd7　8. Q×b7 Ng5

如果走 8. … Nc6，则 9. Bd5。

9. Bd5 Na6　10. Qc6+ Ke7　11. Q×a8

白方得车胜。

第九局第二变例

从第一变例第五步开始变。

1. e4 e5　2. Nf3 d6　3. Bc4 Bg4　4. h3 B×f3　5. Q×f3 Qf6

走 5. … Qd7 较好，接着走 6. … c6。

6. Qb3 b6　7. Nc3 c6　8. Nd5 Qd8

黑方若吃马则丢车。

9. N×b6 Q×b6　10. B×f7+ Kd7　11. B×g8 d5　12. e×d5 Q×b3　13. d×c6+ N×c6　14. B×b3

白方胜。

第九局第三变例

从第二变例第七步开始变。

1. e4 e5　2. Nf3 d6　3. Bc4 Bg4　4. h3 B×f3　5. Q×f3 Qf6　6. Qb3 b6 7. Nc3 Ne7　8. Nb5 Na6　9. Qa4 Nc5　10. N×d6+

这步棋走得很好，许多人都会走 10. N×c7+，或者走后。

10. … Kd8　11. Qe8#

这个变例非常精妙。

第十局

1. e4 e5　2. Nf3 d6　3. h3

劣着，应该走 3. d4 或者 3. Bc4。

3. … Nf6　4. c3 N×e4

显然是劣着，导致丢马，应该走 4. … c6。

5. Qa4+ c6　6. Q×e4

白方得马胜。

第十局变例

从黑方第四步开始变。

**1. e4 e5　2. Nf3 d6　3. h3 Nf6　4. c3 Nc6　5. d4 N×e4　6. d5 Ne7
7. Qa4+ c6　8. d×c6 Nc5　9. c×b7+ N×a4　10. b×a8＝Q**

白方得车胜。

第十一局

1. e4 e5　2. Nf3 Qf6

劣着，应该走 2. … Nc6。

3. Bc4 Qg6

黑后捉两个兵，许多棋手会认为这是很好的着法，然而，你会看到，后吃 e 线兵是多么危险。

4. O–O

白方也可以走 4. d3，如果黑方走 4. … Q×g2，则 5. B×f7+，然后走 6. Rg1，再 7. Ng5+或 7. Rg3，得后胜。

4. … Q×e4　5. B×f7+ K×f7　6. Ng5+

白方得后胜。

第十一局第一变例

从黑方第五步开始变。

1. e4 e5　2. Nf3 Qf6　3. Bc4 Qg6　4. O–O Q×e4　5. B×f7+ Kd8　6. N×e5 Q×e5　7. Re1 Qf6　8. Re8#

第十一局第二变例

从黑方第五步开始变。

1. e4 e5　2. Nf3 Qf6　3. Bc4 Qg6　4. O–O Q×e4　5. B×f7+ Ke7　6. Re1 Qf4　7. R×e5+ K×f7　8. d4 Qf6　9. Ng5+ Kg6　10. Qd3+ Kh6　11. Nf7#

双将杀。

第十一局第三变例

从第一变例第六步开始变。

1. e4 e5　2. Nf3 Qf6　3. Bc4 Qg6　4. O–O Q×e4　5. B×f7+ Kd8　6. N×e5 Nf6　7. Re1 Qf5　8. Bg6 h×g6

（或者 A）

9. Nf7#

（或者 A）

8. ⋯ Qe6 9. Nf7+ Ke8 10. N×h8+ h×g6 11. R×e6+ d×e6 12. N×g6

白方胜势。

第十一局第四变例

从第二变例第七步开始变。

1. e4 e5 2. Nf3 Qf6 3. Bc4 Qg6 4. O–O Q×e4 5. B×f7+ Ke7 6. Re1 Qf4 7. R×e5+ Kf6 8. d4 Qg4 9. Bg5+

白方胜。

第十一局第五变例

从第二变例第七步开始变。

1. e4 e5 2. Nf3 Qf6 3. Bc4 Qg6 4. O–O Q×e4 5. B×f7+ Ke7 6. Re1 Qf4 7. R×e5+ Kd6 8. Rd5+Ke7

如果黑方走 8. ⋯ Kc6，则有如下变化：9. Ne5+ Kb6 10. d4 Qf6（（或者 A）10. ⋯ Qh4 11. Bg5 Qe4 12. Nc3，黑方丢后；（或者 B）10. ⋯ Qe4 11. Nc3 Qh4，白方形成三步将杀）11. Bg5，黑方被迫走 11. ⋯ Q×g5 或者 11. ⋯ Qf5，白方走 12. Nc4+，得后胜。

9. Qe1+ K×f7 10. d4 Qf6 11. Ng5+ Kg6 12. Qe8+ Kh6 13. Nf7+ Kg6 14. N×h8#

连续两步双将杀。

第十一局第六变例

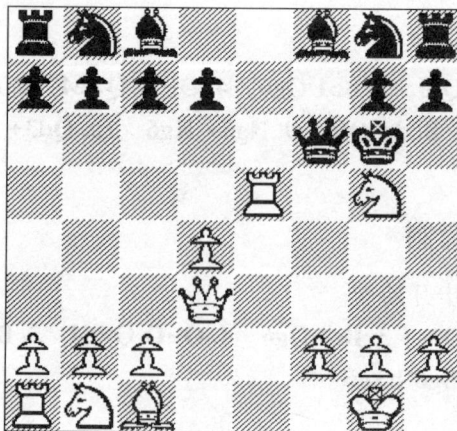

图 1

（图1）**10. … Kh5　11. Nf7+**

白方走 11. g4 + 更好，黑方如果走 11. … K×g4 或者 11. … Kh4，则 12. Qh3#。

11. … Kg4

如果走 11. … g5，则 12. R×g5 胜。

12. Qg3#

第十二局

1. e4 e5　2. Nf3 f6

这局棋摘自达米亚诺的名著，通常叫作"达米亚诺弃兵"。

3. N×e5 f×e5

黑方应该走 3. … Nc6，之前进一步 f 兵是保护不了 e 兵的，白方弃马吃掉这个兵是没有危险的。

4. Qh5+ Ke7

如果走 4. … g6 垫将，会丢车的。

5. Q×e5+ Kf7　6. Bc4+ Kg6　7. Qf5+ Kh6　8. d4+ g5　9. h4 Kg7 10. Qf7+ Kh6　11. h×g5#

双将杀。

第十二局第一变例

从黑方第六步开始变。

1. e4 e5　2. Nf3 f6　3. N×e5 f×e5　4. Qh5+ Ke7　5. Q×e5+ Kf7　6. Bc4+ d5　7. B×d5+ Kg6　8. h4 h6　9. B×b7 B×b7　10. Qf5#

鸽尾杀。

第十二局第二变例

从第一变例第八步开始变。

1. e4 e5　2. Nf3 f6　3. N×e5 f×e5　4. Qh5+ Ke7　5. Q×e5+ Kf7　6. Bc4+ d5　7. B×d5+ Kg6　8. h4 h5　9. B×b7 B×b7　10. Qf5+ Kh6　11. d4+ g5 12. B×g5+ Q×g5　13. h×g5+ Kg7　14. Qe5+ Kf7　15. Q×h8

白方胜。

第十二局第三变例

从第一变例第八步开始变。

1. e4 e5　2. Nf3 f6　3. N×e5 f×e5　4. Qh5+ Ke7　5. Q×e5+ Kf7　6. Bc4+ d5　7. B×d5+ Kg6　8. h4 Qf6　9. Qe8+ Kh6　10. d4+ g5　11. h×g5+ Kg7 12. g×f6+ N×f6　13. Qf7#

第十二局第四变例

从第一变例第八步开始变。

1. e4 e5　2. Nf3 f6　3. N×e5 f×e5　4. Qh5+ Ke7　5. Q×e5+ Kf7　6. Bc4+ d5　7. B×d5+ Kg6　8. h4 Bd6　9. h5+ Kh6　10. d4+ g5　11. Q×h8

白方可吃过路兵形成三步将杀。

11. … c6　12. B×g8 Qe7　13. B×h7

这是步妙棋。

13. … Q×h7　14. Qf6+ Qg6　15. Q×g6#

第十三局

1. e4 e5　2. Nf3 Nc6　3. Bc4 Nf6

走 3. … Bc5 较好，然而，很少有人知道，怎样才能占得这步棋的便宜。

4. Ng5 d5　5. e×d5 N×d5　6. N×f7

白方弃马取得强大攻势，然而，这盘棋走得不好，黑方仔细应对能保持子力优势；黑方 4. … d5 是正确着法。

6. … K×f7　7. Qf3+ Ke6　8. Nc3 Nce7　9. O—O c6　10. Re1 Bd7

黑方这步棋是败着，应该走 10. … Ng6。

11. d4 Kd6　12. R×e5 Ng6

除了这步棋，黑方也可以走 12. … Kc7，则 13. B×d5 N×d5　14. N×d5+ c×d5 15. R×d5，白方占极大优势。

13. N×d5 N×e5　14. d×e5+ Kc5

（或者 A）（或者 B）

15. Qa3+ K×c4　16. Qd3+ Kc5　17. b4#

（或者 A）

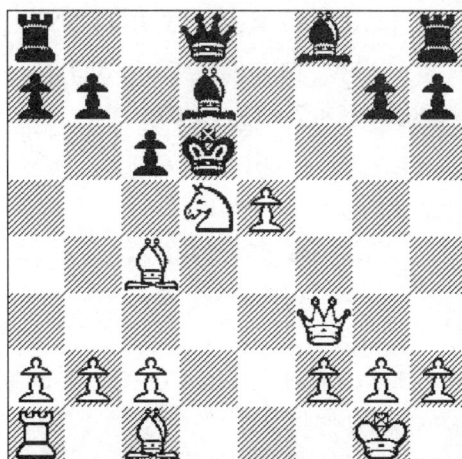

图1

（图1）**14. ··· K×e5　15. Qg3＋Ke6　16. Nc7＋Ke7　17. Qg5＋Kd6**

18. Bf4#

（或者 B）

（图1）**14. ··· Ke6　15. Nc7＋ K×e5**

如果走 15. ··· Ke7，则 16. Qf7#。

16. Qf4#

第十三局变例

从黑方第十三步开始变。

图2

（图2）**13. ··· c×d5　14. R×d5+ Kc7　15. Bf4+ N×f4　16. Q×f4+ Kc8**

黑方如果走 16. ··· Kc6/Kb6，白方仍然走 17. Bb5。

17. Bb5 Qc7　18. Q×c7+ K×c7　19. R×d7+

白棋胜。

第十四局

黑方先走。

1. ··· e5　2. e4 Nf6　3. Nc3 Bc5　4. Bc4 O-O　5. Nf3

走 5. d3 或者 5. Bb3 也都是好棋。

5. ··· Re8

如果黑方 5. ··· Ng4，白方不应走 6. d4，而应走 6. O-O。

6. O-O c6　7. Qe2

走 7. d3 较好。

7. ··· d5

走 7. ··· d6 较好。

8. e×d5 e4

这步棋不如走 8. ··· c×d5 好。

9. Ng5 c×d5　10. N×d5 N×d5　11. Qh5 Nf6

如果走 11. ··· h6　12. N×f7（也可以走 12. Q×f7+，接着走 13. B×d5），黑方走后，13. B×d5。

12. Q×f7+ Kh8　13. Qg8+ R×g8　14. Nf7#

闷杀。

第十四局第一变例

从白方第七步开始变。

1. ··· e5　2. e4 Nf6　3. Nc3 Bc5　4. Bc4 O-O　5. Nf3 Re8　6. O-O c6　7. Re1

走 7. d3 较好。

7. ··· d5　8. e×d5 e4　9. Ng5 Bg4　10. N×f7

如果走 10. Be2 或者 10. Ne2，局面将会很差。

10. ··· B×d1

另有两种变化。

11. N×d8 R×d8　12. d×c6+ Kf8　13. c×b7 Nbd7　14. b×a8＝Q R×a8
15. N×d1

白棋胜。

第十四局第二变例

从黑方第十一步开始变。

1. ⋯ e5　2. e4 Nf6　3. Nc3 Bc5　4. Bc4 O−O　5. Nf3 Re8　6. O−O c6
7. Qe2 d5　8. e×d5 e4　9. Ng5 c×d5　10. N×d5 N×d5　11. Qh5 Be6　12. Q×h7+
Kf8　13. Qh8+ Ke7　14. Q×g7 Rg8　15. N×e6 K×e6　16. B×d5+ K×d5
17. Q×f7+ Kc6　18. Qe6+ Bd6　19. Q×e4+

白方将以兵取胜。

第十四局第三变例

从第一变例第十步开始变。

1. ⋯ e5　2. e4 Nf6　3. Nc3 Bc5　4. Bc4 O−O　5. Nf3 Re8　6. O−O c6
7. Re1 d5　8. e×d5 e4　9. Ng5 Bg4　10. N×f7 K×f7　11. d×c6+ Kf8　12. c×b7
Nc6　13. b×a8＝Q Q×a8　14. Be2

白棋将获胜。

第十四局第四变例

从第一变例第十步开始变。

1. ⋯ e5　2. e4 Nf6　3. Nc3 Bc5　4. Bc4 O−O　5. Nf3 Re8　6. O−O c6
7. Re1 d5　8. e×d5 e4　9. Ng5 Bg4　10. N×f7 Qb6　11. d×c6 B×d1

第六变例黑方走 11. ⋯ N×c6。

12. c×b7 Q×b7

第五变例黑方走 12. ⋯ Nc6。

13. Nd6+ Kf8　14. N×b7 B×c2　15. N×c5

第十四局第五变例

从第四变例第十二步开始变。

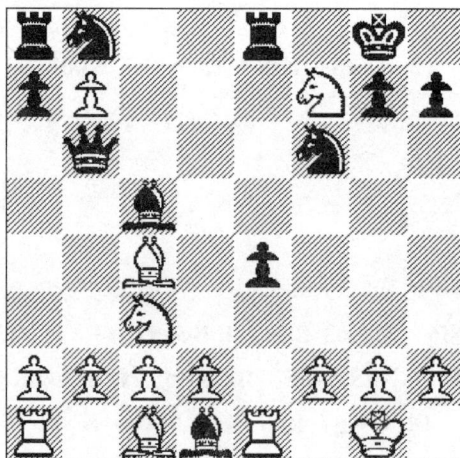

图1

（图1）12. ··· Nc6　13. Nd8+ Kf8　14. b×a8＝Q R×d8　15. Q×d8+ N×d8
16. N×d1

白棋将获胜。

尽管格雷科断言白棋将获胜，但白棋是否占绝大优势，值得怀疑。

第十四局第六变例

从第四变例第十一步开始变。

图2

（图2）11. ··· N×c6　12. Nh6+ Kh8　13. Nf7+ Kg8　14. Nh6+

看来白棋没有取得很大优势，只是和棋而已，主要原因是第六步走 6. Re1

限制了白后的活动空间。

14. … Kf8

黑棋应该不变，接受和棋。

15. N×g4 N×g4   16. Q×g4 B×f2+   17. Kf1 B×e1   18. Qf5+ Ke7   19. Nd5+ Kd8   20. N×b6 a×b6   21. K×e1

白棋胜。

第十五局

黑方先走。

1. … e5   2. e4 Nf6   3. f4

这步棋是格雷科首创，也很巧妙，但不如走 2. … Nc3 好。

3. … N×e4   4. Qe2 Qh4+   5. g3 N×g3   6. Q×e5+ Kd8   7. Nf3 Qh6 8. h×g3 Q×h1   9. Ng5 Qh5

黑方可以走 9. d6，参见第三变例。

10. Ne6+ d×e6   11. Q×h5

白棋胜。

第十五局第一变例

从黑方第六步开始变。

1. … e5   2. e4 Nf6   3. f4 N×e4   4. Qe2 Qh4+   5. g3 N×g3   6. Q×e5+ Be7   7. Nf3 Qh5   8. Q×g7 N×h1   9. Q×h8+ Bf8   10. Qe5+ Q×e5+   11. f×e5 Bc5

大劣着，白方可以走 11. d4 驱赶黑方的象，同时为自己的象开通线路。

12. d4 Bb4+   13. c3 Be7   14. Bg2

白棋胜。

第十五局第二变例

从第一变例第七步开始变。

1. … e5   2. e4 Nf6   3. f4 N×e4   4. Qe2 Qh4+   5. g3 N×g3   6. Q×e5+ Be7   7. Nf3 Qh6   8. h×g3 Q×h1   9. Q×g7 Rf8   10. Kf2 Bc5+

这步棋极劣，实战中很少出现。

11. d4 Be7 12. Nc3 c6 13. Bd2 d5

黑棋应该走 13. ··· Qh5。

14. N×d5 c×d5 15. Bb5+ Bd7 16. B×d7+ N×d7 17. R×h1

白棋胜。

第十五局第三变例

从黑方第九步开始变。

1. ··· e5 2. e4 Nf6 3. f4 N×e4 4. Qe2 Qh4+ 5. g3 N×g3 6. Q×e5+
Kd8 7. Nf3 Qh6 8. h×g3 Q×h1 9. Ng5 d6 10. N×f7+ Kd7 11. Qg5 Be7

（或者 A）（或者 B）

12. Qf5+ Kc6

（或者 C）

13. Qb5#

鸽尾杀。

（或者 A）

图 1

（图 1）**11. ··· Rg8 12. Qd8+ Ke6 13. Ng5+ Kd5 14. Q×c8**

白棋胜。

（或者 B）

（图 1）**11. ··· Qe4+ 12. Kf2 Qd4+ 13. Kg2 Qe4+ 14. Kh2 Rg8**
15. Qd8+ Ke6

如果黑方走 15. ⋯ Kc6，则 16. Bg2。

16. Ng5+

白方得后胜。

（或者 C）

12. ⋯ Ke8　13. Q×c8+ K×f7　14. Q×h8

白方胜。

第十六局

黑方先走。

1. ⋯ e5　2. e4 Nf6　3. f4 e×f4　4. e5 Ne4　5. Nf3 g5　6. d3

走 6. Qe2 更好。

6. ⋯ Nc5　7. h3

走 7. d4 是好着。

7. ⋯ Bg7　8. d4 Ne6

应该走 8. ⋯ Ne4，以后马再走到 g3 格。

9. d5 Nc5　10. b4 Nca6

还是应该把马走到 e4 格。

11. a3 d6　12. Bb2 d×e5　13. N×e5 Nd7　14. Bb5 c6

这步棋不好，应该走王车易位。

15. d×c6 N×e5　16. c×b7+ Bd7　17. B×d7+ N×d7　18. B×g7 Rg8

19. b×a8=Q Q×a8　20. O−O R×g7　21. Qe2+ Kf8　22. Q×a6

白方胜。

第十七局

1. e4 e5　2. Bc4 Bc5　3. Qh5

这步棋经常有人走，但不是好棋，走 3. c3 或者 3. Qe2 要好得多。

3. ⋯ Qe7　4. Nc3 c6

走 4. ⋯ Nf6 也是好棋。

5. Nf3 Nf6

走 5. ⋯ d6 更好。

6. Q×e5 B×f2+　7. K×f2

（或者 A）

7. ··· Ng4+

黑棋得后胜。

（或者 A）

7. Kf1 Q×e5　8. N×e5 Bd4　9. N×f7 d5　10. N×h8 d×c4

黑棋以后捉死马胜。

第十八局

1. e4 e5　2. Bc4 Nf6

走 2. ··· Bc5 更好。

3. f4

走 3. Nf3 较好。

3. ··· N×e4　4. Nf3 e×f4　5. O−O Bc5+　6. d4 Bb6

走 6. ··· Be7 较好。

7. Re1 f5

如果走 7 . ··· d5，则 8. B×d5，再走 9. Nc3。

8. Nc3 Qe7　9. Bd5 c6　10. B×e4 Qf6　11. B×f5+ Kd8　12. Ne4

这不是好棋，黑后可以吃象。

12. ··· Qh6

毫无疑问，黑后应该吃象。

13. g3 Na6　14. Nd6 Q×d6　15. Ne5 Qf6　16. Qh5 g6　17. B×g6 h×g6

18. Q×h8+ Q×h8　19. Nf7+ Kc7　20. B×f4+ d6　21. B×d6+ Kd7　22. Re7#

后面几步白方走得很好，但这盘棋走得很糟。

第十九局

黑方先走。

1. ··· e5　2. e4 Bc5　3. Nf3

这步棋不如走 3. Bc4 好。

3. ··· Nc6

这步棋不恰当，应该走 3. … Nf6 或者 3. … d5。

4. c3 Qf6 5. b4

刚一开局就进马前兵或车前兵几乎都是劣着。

5. … Bb6 6. b5 Na5 7. d4 d6 8. h3 Ne7 9. d5 Ng6 10. Bg5

白方得后胜。

这盘棋走得很差劲，没有什么可以学习的。

第十九局变例

从黑方第七步开始变。

1. … e5 2. e4 Bc5 3. Nf3 Nc6 4. c3 Qf6 5. b4 Bb6 6. b5 Na5 7. d4 e×d4 8. c×d4 Ne7 9. Qa4 Ng6 10. Bg5 Qe6 11. d5 Qd6 12. Bd2

白棋得马胜。

第二十局

黑方先走。

1. … e5 2. e4 Bc5 3. f4

走 3. Bc4 要好得多。

3. … B×g1 4. R×g1 Qh4+ 5. g3 Q×h2 6. Rg2 Qh1

走 6. … Qh6 较好。

7. Qg4 Qh6 8. f×e5 Nc6 9. Qf4 Qe6 10. Rf2 Nh6

黑方应该马吃兵。

11. d4

这步棋和以下着法走得非常巧妙。

11. … N×d4 12. Nc3 c6 13. Be3 c5

如果黑方走 13. … Nb5，白方走 14. B×b5，然后走马到 d5 格。

14. Nd5 Qc6 15. Qg5 O-O 16. Ne7+

白方得后胜。

第二十一局

1. e4 e5 2. Bc4 Bc5 3. Qe2 d6 4. c3 Nc6 5. f4 e×f4

黑方走象吃马较好。

6. Nf3

走 6. d4 更好。

6. … g5

不是好着，保护这个兵是有危险的。应该走 6. … Ne5。

7. h4 g4   8. Ng5 Nh6   9. d4 Bb6   10. B×f4 Qe7   11. Rf1 f6   12. Nd2

白棋局面大好，弃马比退边马好。

12. … f×g5   13. B×g5 Qg7   14. Qe3 Ng8   15. Bf7+ Kd7   16. Qf4 Nge7

如果走 16. … Nce7，则   17. Q×g4+ Kc6   18. Be8+，下一步将杀。

17. Q×g4+ Kd8   18. B×e7+ N×e7   19. Q×g7

白棋得后胜。

第二十一局第一变例

从黑方第十五步开始变。

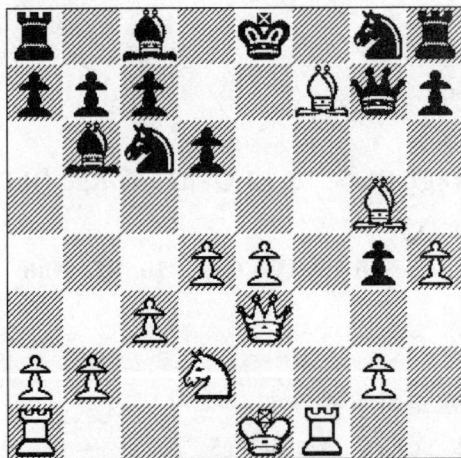

图 1

（图 1）**15. … Kf8   16. Bh5+ Nf6   17. Bh6 Q×h6   18. Q×h6+**
白方得后胜。

第二十一局第二变例

从黑方第十五步开始变。

参见图 1。

1. e4 e5　2. Bc4 Bc5　3. Qe2 d6　4. c3 Nc6　5. f4 e×f4　6. Nf3 g5　7. h4 g4
8. Ng5 Nh6　9. d4 Bb6　10. B×f4 Qe7　11. Rf1 f6　12. Nd2 f×g5　13. B×g5 Qg7
14. Qe3 Ng8　15. Bf7+ Q×f7　16. R×f7 K×f7　17. Qf4+ Kg7　18. O−O−O Bd7

如果黑方走 18. ··· h6 拱象，则 19. Rf1 h×g5　20. Q×g5+ Kh7　21. Rf7#。

19. Rf1 Be8　20. Qf8+ Kg6　21. Rf6+ Kh5

黑方如果马吃车，白方则 22. Qh6#。

22. Rh6+ N×h6　23. Q×h6#

第二十二局

1. e4 e5　2. Bc4 Bc5　3. Qe2 Qe7　4. f4 B×g1　5. R×g1 e×f4

走 5. ··· d6 较好。

6. d4 Qh4+　7. g3 f×g3　8. R×g3 Nf6　9. Nc3 Nh5　10. B×f7+ K×f7
11. Bg5 N×g3　12. Qf3+ Kg6　13. B×h4 Nh5　14. Qf5+ Kh6　15. Qg5#

第二十二局第一变例

从黑方第四步开始变。

1. e4 e5　2. Bc4 Bc5　3. Qe2 Qe7　4. f4 e×f4

最好是先用象吃马，再挺一步 d 兵。

5. Nf3 g5

必须指出，接受弃兵的兵不能有效得到保护。

6. h4 f6　7. h×g5 f×g5　8. Nc3

白方也可以走 8. Rh5，如果黑方走 8. ··· h6，则 9. N×g5；如果黑方走 8. ···
g4，将会丢后。

8. ··· c6

如果黑方走 8. ··· Nf6，则 9. e5，再 10. Nd5。

9. d4 g4　10. Nh4 B×d4　11. Nf5 B×c3+　12. b×c3 Qf6　13. B×f4 Q×c3+
14. Kf2 b5

走 14. ··· h5 较好，白方不会占大优。

15. Bb3 a5　16. Nd6+ Kd8　17. Q×g4 Ne7　18. Nf7+ Ke8　19. Qh5 Qd4+
20. Kf3 Qc3+　21. Ke2 Rf8　22. Nd6+ Kd8　23. Qe8+ R×e8　24. Nf7#

弃后闷杀。

第二十二局第二变例

从第一变例第六步开始变。

1. e4 e5 2. Bc4 Bc5 3. Qe2 Qe7 4. f4 e×f4 5. Nf3 g5 6. d4 Bb4+ 7. c3 Ba5 8. h4 f6 9. h×g5 f×g5 10. g3

也可以走 10. Ne5。

10. ⋯ g4 11. Ne5 f3 12. Qe3 Nf6 13. Ng6 Qg7 14. N×h8 Q×h8 15. e5 Ng8 16. Qg5 Ne7 17. Qh5+ Kd8 18. Q×h7 Q×h7 19. R×h7 d6

这步兵进两格较好。

20. e6 d5

走 20. ⋯ c5 要好得多。

21. Rh8+ Ng8 22. Bg5+ Ke8 23. R×g8#

第二十二局第三变例

从第二变例第八步开始变。

这个变化，白方走得非常漂亮。

1. e4 e5 2. Bc4 Bc5 3. Qe2 Qe7 4. f4 e×f4 5. Nf3 g5 6. d4 Bb4+ 7. c3 Ba5 8. h4 g4 9. Ng5 Nh6 10. B×f4 f6 11. O−O f×g5 12. B×g5 Qg7 13. Qe3 Ng8 14. Rf7 Qg6 15. Qf4 d6 16. Rf8+ Kd7 17. Bf7 Qg7 18. Be8+ Ke6 19. d5#

白方进兵杀。

第二十二局第四变例

从第一变例第五步开始变。

1. e4 e5 2. Bc4 Bc5 3. Qe2 Qe7 4. f4 e×f4 5. Nf3 Nf6 6. d4 Bb4+ 7. c3 Ba5 8. e5 Nh5 9. O−O O−O 10. Ne1 Qh4 11. Nd3 g5 12. Nd2 c6 13. Ne4 Kh8

这步棋是防止白方走后杀马，然后马将军得子。

14. Nd6

白马走到这个位置所形成的局面就足以决定了这盘棋对白方有利。

14. ⋯ Na6 15. Nf5

白方捉死后胜。

第二十二局第五变例

从第四变例第十三步开始变。

图 1

（图 1）**13. ··· d5　14. Bb3 Bc7**

如果黑棋走 14. ··· Bd8，白棋走 15. Nd6 将得子。

15. Q×h5 Q×h5　16. Nf6+ Kg7　17. N×h5+

白棋得子胜。

第二十二局第六变例

从第四变例第十三步开始变。

（图 1）**13. ··· Ng7　14. N×f4 g×f4　15. R×f4 Qe7　16. Nf6+ Kh8　17. Qe4**

迫使黑方用后换马，否则白方 18. Qh7#将杀。

第二十三局

1. e4 e6　2. d4 Nf6　3. Bd3 Nc6　4. Nf3 Be7　5. h4 O-O　6. e5

从这步棋开始，白方走得非常漂亮。

6. ··· Nd5　7. B×h7+ K×h7

黑方如果不吃象，白方仍然走 8. Ng5，以便后走到 h5 格。

8. Ng5+ B×g5

如果黑方不吃马，走王到 h8 格或者 g8 格，白方走后到 h5 格；如果黑方王走到 h6 格，将丢后；如果王走到 g6 格，参见第一变例。

9. h×g5+ Kg8　10. Qh5 f5　11. g6 Re8　12. Qh8#

第二十三局第一变例

从黑方第八步开始变。

1. e4 e6　2. d4 Nf6　3. Bd3 Nc6　4. Nf3 Be7　5. h4 O—O　6. e5 Nd5
7. B×h7+ K×h7　8. Ng5+ Kg6　9. h5+ Kf5

（或者 A）

10. g4#

白棋进兵杀。

（或者 A）

9. … Kh6　10. N×f7+ Kh7　11. N×d8

白方得后胜。

第二十三局第二变例

从黑方第九步开始变。

1. e4 e6　2. d4 Nf6　3. Bd3 Nc6　4. Nf3 Be7　5. h4 O—O　6. e5 Nd5
7. B×h7+ K×h7　8. Ng5+ B×g5　9. h×g5+ Kg6　10. Qh5+ Kf5　11. Qh7+

这步棋多余，可直接走后到 h3 将军，黑王若走回 g6 格，白后到 h7 将杀。

11. … g6　12. Qh3+ Ke4　13. Qd3#

第二十四局

1. e4 b6

这种开局法不好。

2. d4 Bb7　3. Bd3 Nc6　4. Be3 g6　5. f4 Bg7　6. Nf3 Nf6　7. c4 O—O　8. Nc3

以后白方王车长易位，再挺进王翼兵，将取得胜利。

黑棋局面显然非常虚弱，子力受到限制，g 兵浮起使白方很容易突破黑方王翼兵的防线。

第二十四局变例

从黑方第三步开始变。

1. e4 b6　2. d4 Bb7　3. Bd3 f5　4. e×f5 B×g2　5. Qh5+ g6　6. f×g6 Nf6

黑方应该走 6. … Bg7，虽然局面仍然很差。

7. g×h7+

这步棋走得妙，许多棋手都会认为进一步兵，然后吃车变后是最好的着法。

7. … N×h5　8. Bg6#

第二十五局

1. e4 e5　2. f4 d5

许多棋手经常走这步棋避免接受弃兵，对方猛烈进攻。如果是接受让子棋，这步棋是好棋，但是平下，还是接受弃兵好一些。

3. e×d5 Q×d5　4. Nc3 Qe6　5. Nf3 e×f4+　6. Kf2

这是步好棋。通常情况下，被将军时，走王比垫将好。

6. … Bc5+

这明显是劣着，此象马上被驱离。走 6. … Be7 或者 6. … c6 较好。

7. d4 Bd6　8. Bb5+ Kf8/d8

（或者 A）

9. Re1 Qf5　10. Re8#

将杀。

（或者 A）

8. … c6　9. Re1

白方得后。

第二十六局

1. e4 e5　2. f4 Bc5

还是接受弃兵好。

3. Nf3 d6　4. c3 Qe7　5. d4 e×d4　6. c×d4 Q×e4+

这是败着，应走 6. … Bb4+。

7. Kf2

许多棋手认为这步棋是劣着，应该用象或后垫将，但以后的变化将表明走王是多么好的着法，现在黑方难以避免丢子。

7. ⋯ Bb4　8. a3 Ba5　9. b4 Bb6　10. Bb5+ Kf8

（或者 A）

11. Re1 Qf5　12. Re8#

白方将杀黑王。

（或者 A）

8. ⋯ c6　9. Re1

白方得后胜。

第二十七局

1. e4 e5　2. f4 Nf6

走 2. ⋯ e×f4 较好。

3. Nc3 e×f4　4. d4 Bb4　5. Bd3 Qe7　6. Qe2 Nc6　7. e5 N×d4　8. e×f6 N×e2　9. f×e7 N×c3　10. a3 Ba5　11. Bd2

白方胜势。

第二十七局变例

从黑方第七步开始变。

1. e4 e5　2. f4 Nf6　3. Nc3 e×f4　4. d4 Bb4　5. Bd3 Qe7　6. Qe2 Nc6　7. e5 Nd5　8. Bd2 N×d4

这步棋不好，先换马较好。

9. N×d5 Qh4+

如果走 9. ⋯ B×d2+，则 10. K×d2。

10. g3 f×g3　11. Qg2 g×h2+　12. Kf1 h×g1=Q+　13. Q×g1 Qd8　14. Q×g7 Rf8　15. Nf6+

也可以走 15. Bg5，如果黑方走 15. ⋯ Be7，很明显白方将得后，因此，黑方走 15. ⋯ f6，则变化如下：16. Bg6+ h×g6　17. Q×g6+ Rf7　18. Rh8+ Bf8　19. R×f8+ K×f8　20. Bh6+ Ke8　21. Qg8+ Rf8　22. Q×f8#。

15. ⋯ Ke7　16. B×b4+ d6　17. e×d6+ c×d6　18. Nd5+ Ke8　19. Q×d4 Be6　20. Bb5+ Bd7　21. Qe4+ Qe7　22. Q×e7#

这盘棋白方走得很精妙。

第二部分　王翼弃兵局

第二十八局

1. e4 e5　2. f4 e×f4　3. Nf3 g5　4. Bc4 g4　5. Ne5

白方如果走王车易位，黑方吃马，形成穆西奥弃马局，高手可以走出猛烈的进攻，即使好手也难抵御。

5. … Qh4+　6. Kf1 Nh6　7. d4 d6　8. Nd3 f3　9. g3 Qh3+

这步将军是错着，走9. … Qe7较好。

10. Kf2

走10. Ke1较好，参见第一变例。

10. … Qg2+　11. Ke3 Ng8

走11. … Qe2+较好。

12. Nf4 Bh6　13. Bf1 Q×h1　14. Bb5+ c6　15. B×c6+ b×c6　16. Q×h1

白方得后胜。

第二十八局第一变例

从白方第十步开始变。

**1. e4 e5　2. f4 e×f4　3. Nf3 g5　4. Bc4 g4　5. Ne5 Qh4+　6. Kf1 Nh6
7. d4 d6　8. Nd3 f3　9. g3 Qh3+　10. Ke1 Qg2　11. Nf2 Nc6　12. Bf1**

白方捉死后。

第二十八局第二变例

从第一变例第十步开始变。

1. e4 e5　2. f4 e×f4　3. Nf3 g5　4. Bc4 g4　5. Ne5 Qh4+　6. Kf1 Nh6
7. d4 d6　8. Nd3 f3　9. g3 Qh3+　10. Ke1 Qh5

黑方如果走其他子，白方马到 f4 格得后。

11. Nf4 Qa5+

黑方走 11. … Qg5 较好，白方走马攻后，得不到物质优势。

12. Bd2 Qb6　13. Nd5 Q×d4

如果黑方走 13. … Q×b2，白方走 14. Bc3 得后；如果黑方走 13 . … Qc6，白方走 14. Bb5 也能得后。

14. Bd3 Qc5　15. Be3

走象到 b4 格可更快得后。

15. … Qa5+　16. b4 Qa4　17. Bb5+ Q×b5　18. N×c7+ Kd8　19. N×b5
白方得后胜。

第二十八局第三变例

从第二变例第十二步开始变。

1. e4 e5　2. f4 e×f4　3. Nf3 g5　4. Bc4 g4　5. Ne5 Qh4+　6. Kf1 Nh6
7. d4 d6　8. Nd3 f3　9. g3 Qh3+　10. Ke1 Qh5　11. Nf4 Qa5+　12. Bd2 Qa4
13. Na3 c6

走 13. … Qd7 较好，参见第四变例。

14. Nd5 b5　15. b3 Q×a3　16. Bb4 Qb2　17. Rb1 Q×a2　18. Ra1 Qb2
19. Bc3 Q×a1　20. Q×a1 c×d5　21. B×d5 Nd7　22. B×a8
白棋胜。

第二十八局第四变例

从第三变例第十三步开始变。

图 1

（图 1）**13. ⋯ Qd7   14. Nd5 Bg7**

黑方这步棋显然丢子，应走 14. ⋯ Ng8。

15. B×h6 B×h6   16. Nf6+ Kf8   17. N×d7+

白方得后胜。

第二十九局

1. e4 e5   2. f4 e×f4   3. Nf3 g5   4. Bc4 Bg7   5. d4 d6   6. Nc3 c6   7. h4 h6   8. h×g5 h×g5   9. R×h8 B×h8   10. Ne5

这步棋很独特，可冒险用来对付弱手。黑方如果应对得当，白方将输棋。

10. ⋯ d×e5

用象吃马是劣着。

11. Qh5 Qf6   12. d×e5 Qg7   13. e6 Nf6

黑方也可以走 13. ⋯ B×e6，则   14. B×e6 Nf6   15. B×f7+ Kf8   16. Qh3 Q×f7，黑方占优。

14. e×f7+ Kf8

在第一变例中，黑方走王到 e7，是步较好的着法。

15. B×f4 N×h5

如果黑方用兵吃象，则白方用后将杀。

16. Bd6#

第二十九局第一变例

从黑方第十四步开始变。

图1

（图1）**14. … Ke7　15. Qe2 Be6**

这步棋不是好棋，走 15. … Bg4 较好。

16. B×e6 K×e6　17. Qc4+ Ke7

如果黑方走 17. … Ke5，则 18. Qc5+，然后兵升变为后；如果黑方走17. … Kd7，则 18. Qb4 等。

18. Qb4+ K×f7　19. Q×b7+ Nbd7　20. Q×a8

白方得车胜。

第二十九局第二变例

从黑方第十四步开始变。

（图1）**14. … Kd8　15. Q×g5 Q×g5　16. f8＝Q+ Kd7**

黑方如果走 16. … Kc7，则 17. Ne2。

17. Q×h8 Q×g2

劣着，得一兵，丢一马，走 17. … Kc7 较好。

18. Q×f6 f3　19. Qf7+ Kd6

如果黑方走 19. … Kd8，则 20. Qg8+兑后。

20. Bf4+ Kc5　21. Na4+

白棋可以简单三步将杀：21. Be3+ Kd6（或者 21. … Kb4　22. a3+ Ka5 23. b4#）22. Rd1+ Ke5　23. Bf4#。

21. … Kd4

（或者 A）

22. c3+ K×e4　23. Nc5#

（或者 A）

图 2

（图 2）**21. … Kb4　22. Bd2+ K×a4　23. b3+ Ka3　24. Qe7+ Kb2 25. Qe5+ K×c2**

（或者 B）

26. Rc1#

（或者 B）

25. … Ka3　26. Bc1+ Kb4　27. c3#

第三十局

1. e4 e5　2. f4 e×f4　3. Nf3 g5　4. h4

这步棋不如走 4. Bc4 好，但也没有什么危险。

4. … g4

如果黑方走 4. … f6，则弃马吃兵。

5. Ne5 h5

较好的走法是 5. … Qe7，然后走 6. … f5。

6. Bc4 Nh6　7. d4 Be7　8. B×f4 B×h4+

应走 8. … d6。

9. g3 Bg5　10. R×h5 B×f4　11. g×f4 d6　12. N×g4 B×g4　13. Q×g4 N×g4
14. R×h8+ Ke7　15. R×d8 K×d8　16. B×f7 Nc6　17. c3 Ke7　18. Bb3 Ne3

黑方这步棋和下一步棋都是败着，应该出动车。当然，黑方已经处于劣势。

19. Kd2 Nc4+　20. Kd3

白方胜。

第三十一局

1. e4 e5　2. f4 e×f4　3. Nf3 h6

这步棋不如走 3. … g5 好。

4. Bc4

走 4. h4 较好。

4. … g5　5. h4 f6

正着是走 5. … Bg7。

6. N×g5

应该走 6. Ne5。

6. … f×g5

应该用 h 兵吃。

7. Qh5+ Ke7　8. Qf7+ Kd6　9. Qd5+ Ke7　10. Qe5#

将杀。

第三十一局第一变例

从黑方第五步开始变。

1. e4 e5　2. f4 e×f4　3. Nf3 h6　4. Bc4 g5　5. h4 g4

走 5. … Bg7 较好。

6. Ne5 Rh7　7. d4 d6　8. Nd3 f3　9. g3

白方应该吃兵。

9. … Qe7　10. Nf4 Q×e4+

现在黑方走得这步棋经常出现，却是劣着。黑方应该走 10. … c6。

11. Kf2 Qc6　12. Qd3 Rg7　13. Bb5

白方得后胜。

第三十一局第二变例

从黑方第六步开始变。

1. e4 e5　2. f4 e×f4　3. Nf3 h6　4. Bc4 g5　5. h4 f6　6. N×g5 Qe7
7. Qh5+ Kd8　8. Nf7+ Ke8　9. N×h8+ Kd8　10. Nf7+ Ke8　11. N×h6+ Kd8
12. N×g8

白棋胜。

第三十二局

1. e4 e5　2. f4 e×f4　3. Nf3 Ne7

走 3. … g5 较好。

4. h4 h5　5. Bc4 Ng6　6. Ng5 Ne5　7. Bb3 f6　8. Nh3 Ng6　9. d4 N×h4
10. N×f4 g5　11. R×h4 g×h4　12. Ng6 Rh7　13. Bg8 Rg7　14. Q×h5 R×g8

如果黑方车吃马，白方可以八步之内将杀（不是步步带将）。

15. Ne5+ Ke7　16. Qf7+ Kd6　17. Nc4+ Kc6　18. Qd5#

第三十二局第一变例

从黑方第八步开始变。

1. e4 e5　2. f4 e×f4　3. Nf3 Ne7　4. h4 h5　5. Bc4 Ng6　6. Ng5 Ne5
7. Bb3 f6　8. Nh3 g5　9. h×g5 f×g5　10. d4 Nf7　11. g3 f×g3　12. B×f7+ K×f7
13. N×g5+ Kg6　14. Qf3 Qf6　15. Q×g3 d6　16. Ne6+ Kf7

（或者 A）

17. Rf1

白方得后胜。

（或者 A）

图 1

（图 1） **16. … Kh7   17. R×h5+ Bh6   18. R×h6+ Q×h6   19. B×h6**，等等。

第三十二局第二变例

从第一变例第十三步开始变。

图 2

（图 2） **13. … Ke8   14. R×h5 R×h5   15. Q×h5+ Ke7   16. Qf7+ Kd6
17. Qd5+ Ke7   18. Qe5#**

第三十二局第三变例

从第二变例第十四步开始变。

图 3

（图 3）**14. ··· Rg8　15. Rh7**

白方走 15. Qf3 更好，变化如下：15. ··· Qe7（或者 A）16. Rh7 Bg7
17. Qh5+ Kf8　18. Nc3 c6　19. Bf4，白方将轻松取胜。

15. ··· Qf6

黑棋应该用车吃马。

16. Qh5+ Qg6　17. Bf4 Q×h5　18. R×h5 Be7　19. Nd2 Nc6　20. c3 d6
21. Nh3 Bg4　22. Rh7 B×h3　23. R×h3 g2　24. Kf2 Kd7　25. Rg1 Raf8
26. Rf3 Bh4+　27. Ke2 Kd8　28. Be3 R×f3　29. N×f3 Bf6　30. Kf2 Re8
31. Nd2 Rg8　32. R×g2 R×g2+　33. K×g2

毫无疑问，白方局面大好，但遇到强手是很难赢下来的。

（或者 A）

15. ··· Rg7　16. Nh7

接着黑方如果走 16. ··· Qe7，则 17. Re5；如果黑方走 16. ··· Rg8，则用车
将军，或者得后，或者将杀；如果黑方走 16. ··· Bd6，则用车将军，再用后将
杀；如果黑方走：

16. ··· Be7

（或者 B）

17. Nf6+ Kf7

黑方如果吃马，则丢后。

18. Ng4+ Kg8　19. Nh6+

237

接着两步将杀。

（或者 B）

16. … R×h7　17. R×h7

轻松取胜。

第三十二局第四变例

从第一变例第十步开始变。

1. e4 e5　2. f4 e×f4　3. Nf3 Ne7　4. h4 h5　5. Bc4 Ng6　6. Ng5 Ne5
7. Bb3 f6　8. Nh3 g5　9. h×g5 f×g5　10. d4 Ng6　11. g3 f×g3　12. N×g5 g2
13. Bf7+ Ke7　14. Rg1 Nh4　15. B×h5 Bg7

如果黑方走 15. … d6，则 16. Nf7 得后。

16. Qg4 B×d4　17. Q×h4 R×h5　18. Q×h5 B×g1　19. Qf7+ Kd6　20. Qd5+
Ke7　21. Qe5+ Kf8　22. Qh8+ Ke7　23. Qg7+ Kd6　24. Nf7+

白方得后胜。

第三十三局

1. e4 e5　2. f4 e×f4　3. Nf3 g5　4. Bc4 g4　5. B×f7+

这不是好棋，走 5. Ne5 较好。

5. … K×f7　6. Ne5+ Ke6

应该走王回原位。

7. Q×g4+

用后吃这个兵比用马吃好。

7. … K×e5

如果黑方走 7. … Ke7，则变化如下：8. Qg5+ Nf6（或者 8. Qg5+ Ke8
9. Qh5+ Ke7　10. Qf7+，接着四步将杀）9. Ng4 Kf7　10. e5，白方得马，等等。

8. Qf5+ Kd6　9. d4 Bg7　10. B×f4+ Ke7　11. Bg5+ Bf6　12. e5 B×g5
13. Q×g5+ Ke8　14. Qh5+ Ke7　15. O-O Qe8　16. Qg5+ Ke6　17. Rf6+ N×f6
18. Q×f6+ Kd5　19. Nc3+ K×d4

如果黑方走 19. … Kc4，则 20. Qf1+，迫使黑王还得吃 g4 兵。

20. Qf4+ Kc5　21. b4+ Kc6　22. Qc4+ Kb6　23. Na4#

这盘棋非常巧妙和独特。

第三十四局

1. e4 e5　2. f4 e×f4　3. Nf3 g5　4. Bc4 Bg7　5. h4 g4

这步棋不好，应挺一步 h 兵。

6. Ng5 Nh6　7. d4 d6　8. B×f4 Qe7　9. O−O f6　10. c3 f×g5　11. B×g5
Qd7　12. Qd2 Ng8　13. Bf7+ Kf8　14. Be6+

白方得后胜。

第三十四局变例

从黑方第十三步开始变。

图 1

（图 1）**13. ⋯ Q×f7　14. R×f7 K×f7　15. Na3 Ne7　16. Rf1+ Ke8　17. B×e7**
K×e7　18. Qg5+ Ke8

（或者 A）

19. Q×g7

白方将轻松取胜。

（或者 A）

18. ⋯ Ke6　19. d5+ Kd7　20. Rf7+ Ke8　21. Qe7#

第三十五局

1. e4 e5　2. f4 e×f4　3. Nf3 g5　4. Bc4 f6

败着，应该走 4. … g4 或者 4. … Bg7。

5. N×g5 f×g5

如果黑方不吃马，也是输棋，不过没那么快。

6. Qh5+ Ke7　7. Q×g5+

白方也可以走 7. Qf7+，再 8. Qd5+，再 8. Qe5#将杀。

7. … Ke8　8. Qh5+ Ke7　9. Qe5#

第三十六局

1. e4 e5　2. f4 e×f4　3. Nf3 g5　4. Bc4 g4　5. Ne5 Qh4+　6. Kf1 Nf6

这步棋是萨尔维奥首创，所以也叫作"萨尔维奥弃兵"。这步棋很独特，但不如走 6. … Nh6 好。

7. B×f7+

菲利多尔主张走 7. Qe1，强行兑后，局面大优。

7. … Kd8

这不是最好着法，走 7. … Ke7 较好，迫使白方走象，否则丢子。

8. d4 N×e4　9. Qe2 Ng3+　10. h×g3 Q×h1+　11. Kf2 f×g3+　12. K×g3 Q×c1

显然是大劣着，好像配合白方两步将杀，应该走 12. … Be7。

13. Nc6+ b/d×c6　14. Qe8#

第三十七局

1. e4 e5　2. f4 e×f4　3. Bc4

这步棋不如走 3. Nf3 好。

3. … Qh4+　4. Kf1 Bc5

败着，应走 4. … g5。

5. d4 Bb6　6. Nf3 Qg4

走 6. … Qh5 要好得多。

7. B×f7+ K×f7

第四变例黑方走 7. … Kf8。

8. Ne5+ Kf8   9. N×g4

白方得后胜。

第三十七局第一变例

从黑方第六步开始变。

**1. e4 e5   2. f4 e×f4   3. Bc4 Qh4+   4. Kf1 Bc5   5. d4 Bb6   6. Nf3 Qh6
7. g3**

走 7. Ne5 也是好棋，参见第五变例。

7. … Qh3+   8. Kf2 f×g3+   9. h×g3 Qg4   10. B×f7+ Kf8   11. Rh4

白方得后胜。

第三十七局第二变例

从黑方第六步开始变。

**1. e4 e5   2. f4 e×f4   3. Bc4 Qh4+   4. Kf1 Bc5   5. d4 Bb6   6. Nf3 Qf6
7. e5 Qf5**

弃兵比用后保兵好。

8. Bd3 Qg4   9. h3 Qg3   10. Bd2 Nc6   11. Be1

白方捉死后胜。

第三十七局第三变例

从黑方第六步开始变。

**1. e4 e5   2. f4 e×f4   3. Bc4 Qh4+   4. Kf1 Bc5   5. d4 Bb6   6. Nf3 Qe7
7. B×f4 Q×e4**

走 7. … d6 较好。

**8. B×f7 + Kf8   9. Bg3 Nh6   10. Nc3 Qe7   11. Bb3 c6   12. Qd3 d5
13. Re1 Qf7   14. Bd6+ Kg8   15. Re7 Qf6   16. N×d5 Q×d6**

（或者 A）

17. Nf6+ Kf8   18. Re8#

（或者 A）

16. … c×d5   17. B×d5+ Nf7

（或者 B）

18. Re8#

（或者 B）

图 1

（图 1）**17. ⋯ Kf8　18. Rf7＋ Ke8　19. R×f6 g×f6　20. Qe3＋ Kd8
21. Qe7#**

第三十七局第四变例

从黑方第七步开始变。

**1. e4 e5　2. f4 e×f4　3. Bc4 Qh4+　4. Kf1 Bc5　5. d4 Bb6　6. Nf3 Qg4
7. B×f7+ Kf8　8. h3 Qg3　9. Nc3 K×f7　10. Ne2 Qg6　11. Ne5+ Kf8　12. N×g6+**
白方得后胜。

第三十七局第五变例

从白方第七步开始变。

**1. e4 e5　2. f4 e×f4　3. Bc4 Qh4+　4. Kf1 Bc5　5. d4 Bb6　6. Nf3 Qh6
7. Ne5 d5　8. B×d5 Be6　9. B×b7**
白方捉死车胜。

第三十七局第六变例

从第三变例第十三步开始变。

图 2

（图 2） **13. ⋯ Qf6 14. Bh4 Qg6 15. Be7+ Kg8 16. Q×g6 h×g6 17. N×d5 c×d5 18. B×d5+ Kh7 19. Ng5#**

第三十七局第七变例

从第六变例第十八步开始变。

图 3

（图 3） **18. ⋯ Nf7 19. Ng5 Rh5 20. B×f7+ Kh8 21. B×g6 Rh4 22. Nf7+ Kg8 23. B×h4**

白方得车胜。

第三十八局

1. e4 e5　2. f4 e×f4　3. Bc4 Qh4+　4. Kf1 d6

走 4. ⋯ g5 较好。

5. Nf3 Bg4　6. d4 Qh6　7. g3 Qh3+

也可以走 7. ⋯ Bh3+　8. Kf2 g5　9. g×f4 g×f4　10. Qd2，等等。

8. Kf2 f×g3+　9. h×g3 B×f3　10. B×f7+ Kd8

如果走 10. ⋯ Kd7，将丢后。

11. Q×f3 Qd7　12. R×h7 R×h7　13. B×g8 Rh2+　14. Kg1 R×c2

这步棋还有两种变例。

15. Q×f8+ Qe8　16. Bg5+ Kd7　17. Be6+ Q×e6　18. Qd8+ Kc6　19. d5+ Q×d5　20. e×d5+ K×d5　21. Nc3+ Ke5　22. Qe8+ Kd4　23. Qe4+

白棋胜。

第三十八局第一变例

从黑方第六步开始变。

1. e4 e5　2. f4 e×f4　3. Bc4 Qh4+　4. Kf1 d6　5. Nf3 Bg4　6. d4 Qf6 7. e5 Qh6　8. g3 Qh3+　9. Kf2 f×g3+　10. h×g3 B×f3　11. Q×f3

也可以走 11. B×f7+。

11. ⋯ Qd7　12. Q×b7 Qc6　13. Bb5

捉死后胜。

第三十八局第二变例

从第一变例第七步开始变。

1. e4 e5　2. f4 e×f4　3. Bc4 Qh4+　4. Kf1 d6　5. Nf3 Bg4　6. d4 Qf6 7. e5 d×e5　8. d×e5 B×f3　9. Q×f3 Q×e5

应该走 9. ⋯ Qb6/Qc6。

10. Q×b7

白棋胜。

第三十八局第三变例

从第二变例第八步开始变。

1. e4 e5 2. f4 e×f4 3. Bc4 Qh4+ 4. Kf1 d6 5. Nf3 Bg4 6. d4 Qf6 7. e5 d×e5 8. d×e5 Q×e5

显然是劣着，避免不了丢车。

9. N×e5 B×d1 10. N×f7 Nh6 11. N×h8 g6 12. B×f4 Bg7 13. c3 Nf5 14. Nf7

白棋胜。

第三十八局第四变例

从黑方第七步开始变。

1. e4 e5 2. f4 e×f4 3. Bc4 Qh4+ 4. Kf1 d6 5. Nf3 Bg4 6. d4 Qh6 7. g3 g5 8. h4 f6 9. e5 d×e5 10. d×e5 f×e5 11. Qd5 B×f3 12. Q×f3 c6

如果黑方走 12. … Qc6，则 13. Bd5 Q×c2（或者 A：13. … Qb5+ 14. c4 Qc5 15. B×b7 Q×c4+ 16. Kg2 e4 17. Re1 等；或者 B：13. … Qa6+ 14. c4 c6 15. Qh5+ Kd8 16. B×g8 R×g8 17. Qf7 Rh8，白方接着走 18. Qf6+，然后吃车，不是好棋，应该走 18. Rh2，白方大优）14. Nc3 g4（黑方如果走 14. … c6 或者 14. … Nc6，则 15. Be4 捉死后）15. Q×g4 Qd3+ 16. Kg2，黑方必丢一子。

13. h×g5 Q×g5 14. g×f4 e×f4 15. B×f4 Qf6 16. Nc3 Bh6

（或者 A）

17. Re1+ Kf8

（或者 B）（或者 C）

18. B×h6+ N×h6 19. Q×f6+ Nf7 20. Q×f7#

（或者 A）

16. … Bd6 17. Re1+ Kd8

（或者 D）（或者 E）

18. Rd1

白方得象胜。

（或者 B）

17. … Kd8 18. R×h6 N×h6 19. Bc7+ K×c7 20. Q×f6

白方得后胜。

（或者 C）

17. … Kd7 18. Qd3+ Kc8 19. Re8+

下一步将杀。

（或者 D）

图 1

（图 1） **17. ⋯ Ne7　18. Ne4 Q×f4　19. N×d6+ Q×d6　20. Rh6 Q×h6**

（或者 F）

21. Qf7+ Kd8　22. Q×e7+ Kc8　23. Be6+ Nd7　24. Q×d7+ Kb8

25. Qd6#

（或者 E）

17. ⋯ Be7　18. Ne4 Q×b2　19. Nc6+ Kf8

（或者 G）

20. Bh6#

（或者 F）

图 2

（图 2） **20.** **···** **Qd7** **21. Qh5 + Kd8** **22. Rd1 Nd5** **23. B × d5 Rf8 +**
24. Kg1 Qg7+ **25. Bg2 + Kc8** **26. Qh3 + Nd7** **27. R × h7 Q × b2** **28. Q × d7 +**
Kb8 **29. Qc7#**

将杀。

（或者 G）

19. **···** **Kd7** **20. Qg4 + Kd8**

（或者 H）

21. Qc8#

将杀。

（或者 H）

图 3

（图 3） **20.** **···** **Kc7** **21. Nc8 + Kd8** **22. Rd1 + Ke8** **23. Qh5 + Kf8**
24. Qf7#

将杀。

第三十八局第五变例

从黑方第十四步开始变。

图 4

（图 4）14. … Rh8　15. Q×f8+ Qe8　16. Bg5+ Kd7　17. Q×g7+ Kc6
18. Q×h8 Nd7　19. Bd5+ Kb6　20. Q×e8 R×e8　21. Nd2

白方胜。

第三十八局第六变例

从黑方第十四步开始变。

（图 4）14. … Qh3　15. Q×f8+ Kd7　16. Qf7+ Kc6　17. Qc4+ Kd7

如果黑方走 17. … Kb6，则 18. Qb4+，迫使黑王走回 c6 格（若走到 a6 格，两步被将杀），白方进兵 d5 将军，再象 e3 将军抽后。

18. Be6+ Q×e6　19. Q×e6+ K×e6　20. K×h2

白方胜。

第三十九局

1. e4 e5　2. f4 e×f4　3. Bc4 Be7

走后将军，再走 g5 较好。

4. d4 Bh4+　5. Kf1 g5　6. g3 f×g3　7. h×g3 B×g3　8. Qh5 Qf6+
9. Nf3 d6

走 9. … Bf4 较好。

10. B×g5 Qg6　11. Q×g6 f×g6　12. B×g8 R×g8　13. Kg2

白方捉死象胜。

第四十局

1. e4 e5　2. f4 e×f4　3. Bc4 Ne7

这步不是好棋，应先用后将军，再挺兵 g5。

4. Qf3 Ng6　5. d4 Qh4+　6. g3 f×g3　7. B×f7+ Kd8　8. h×g3 Qf6　9. Q×f6+ g×f6　10. B×g6

白方得马胜。这盘棋黑方走得很差。

第三部分　防守王翼弃兵局

第四十一局

黑方先走。

1. ⋯ e5　2. e4 f5　3. e×f5 Nf6　4. g4 Bc5　5. g5 Ne4　6. Qh5+ Kf8 7. Nf3

这是萨尔维奥弃兵，走 7. Nh3 较好。

7. ⋯ N×f2

劣着，应走 7. ⋯ Qe8，占优。

8. d4 B×d4　9. N×d4 N×h1　10. Nf3 e4　11. Ne5 Qe7　12. Ng6+ h×g6 13. Q×h8+ Kf7　14. Bc4+

白棋胜。

第四十一局变例

从黑方第七步开始变。

1. ⋯ e5　2. e4 f5　3. e×f5 Nf6　4. g4 Bc5　5. g5 Ne4　6. Qh5+ Kf8 7. Nf3 B×f2+　8. Kd1

不是最好着法，应走 8. Ke2。

8. ⋯ Bb6

黑方不应走象，应走后，或者走后前兵。

9. Nh4 Nf2+　10. Ke1 N×h1　11. Ng6+ h×g6

（或者 A）

12. Q×h8+ Ke7   13. f6+ g×f6   14. g×f6+ Kf7   15. Q×d8

白方得后胜。

（或者 A）

图 1

（图 1） **11. ⋯ Kg8   12. Bc4+ d5   13. B×d5+ Q×d5   14. Ne7+ Kf8**

15. N×d5

白方得后胜。

第四十二局

1. ⋯ e5   2. e4 f5   3. e×f5 Nf6   4. g4 Bc5   5. g5 Ne4   6. Nh3

走后将军较好。

6. ⋯ N×g5

正着应走 6. ⋯ d5。

7. Qh5+ Nf7   8. d4 B×d4

应走 8. ⋯ Be7，但白方仍然占优。

9. Bg5

白方胜。

第四十二局第一变例

从黑方第八步开始变。

1. ··· e5　2. e4 f5　3. e×f5 Nf6　4. g4 Bc5　5. g5 Ne4　6. Nh3 N×g5

7. Qh5+ Nf7　8. d4 e×d4　9. f6 Bb4+　10. c3 d×c3　11. Qe2+ Kf8　12. f×g7+

K×g7　13. Qg4+ Kf8　14. Q×b4+ d6　15. N×c3

白方胜。

第四十二局第二变例

从白方第七步开始变。

1. ··· e5　2. e4 f5　3. e×f5 Nf6　4. g4 Bc5　5. g5 Ne4　6. Nh3 N×g5

7. N×g5 Q×g5　8. d4 Q×f5　9. d×c5 Qe4+　10. Be3 Q×h1　11. Qh5+ Kf8

12. Qf5+ Kg8　13. Q×e5 h6　14. Bd4 Qg1

如果黑方走 14. ··· Rh7，则立即用后将杀。

15. f4 Qg6

如果黑方走 15. ··· Qg4，则 16. Qe8+，再 17. Bd3+，等等。

16. f5 Qf6

如果黑方走 16. ··· Qf7，则 17. Bc4，等等。

17. Qe8+ Qf8　18. Bc4+ Kh7　19. Qg6#

第四十三局

1. ··· e5　2. e4 f5　3. f4

这不是好着，应兵吃兵。

3. ··· e×f4

黑方应走 3. ··· Qh4+，如果白方走 4. g3 垫将，则后返回 e7 格。

4. Qh5+ g6　5. Qe2 Qh4+　6. Kd1 f×e4　7. Q×e4+ Be7　8. Nf3 Qf6

9. d4 g5

由于黑方最终保不住所得的弃兵，走 9. ··· c6。

10. h4 h6　11. h×g5 h×g5　12. R×h8 Q×h8　13. Qg6+ Kd8　14. N×g5

Q×d4+　15. Bd2 Nf6　16. Nf7+ Ke8　17. Nd6+ Kd8　18. Qe8+ N×e8　19. Nf7#

闷杀。

第四十四局

1. f4

这种开局法很反常，不值得采纳。

1. … e5

黑方应走 1. … d5。

2. f×e5 Qh4+　3. g3 Qe4　4. Nf3 Nc6　5. Nc3 Qf5　6. e4 Qe6　7. d4 Qe7 8. Bg5 Qb4

走 8. … f6 较好。

9. a3 Q×b2

如果走 9. … Qa5，则 10. b4，白方将得子。

10. Na4

白方捉死后胜。

第四部分　后翼弃兵局

第四十五局

1. d4 d5　2. c4 d×c4　3. e3

王前兵挺进两格较好。

3. … b5

败着，所得的弃兵不能成功保住，应该走 3. … e5。

4. a4 c6　5. a×b5 c×b5　6. Qf3

白棋捉车得子胜。

第四十六局

1. d4 d5　2. c4 d×c4　3. e4 b5

败着，应走 3. … e5。

4. a4 c6　5. a×b5 c×b5　6. b3 a5　7. b×c4 b4　8. d5 e6　9. Nd2 e×d5
10. e×d5 Bc5

这步棋不好，走 10. … Nd7 较好。

11. Nb3 Bb6　12. c5 Qe7+　13. Qe2 Q×e2+　14. B×e2 Bd8　15. Bb5+ Kf8
16. c6 Bb6　17. Be3 B×e3　18. f×e3 Nf6　19. d6 g6

先走象，再走王到 e7 较好。

20. d7 B×d7　21. c×d7 Nb×d7　22. B×d7 N×d7　23. R×a5

白棋胜。

第四十七局

1. d4 d5　2. c4 c5

走兵吃兵较好。

3. d×c5 Qa5+

如果黑方走 3. ⋯ d×c4，则 4. Qa4+，接着如果黑方走 4. ⋯ Nd7，白方则进兵拱马；黑方如果走 4. ⋯ Q/Bd7 或者 4. ⋯ Nc6，白方走 5. Q×c4，局势大优。

4. Qd2 Q×d2+　5. N×d2 d×c4　6. N×c4 e6　7. Nd6+ B×d6　8. c×d6 Nf6 9. f3 O-O　10. e4 e5　11. b3 Rd8　12. Ba3 Ne8　13. Rd1 Be6

走 13. ⋯ Nc6 较好。

14. Bc4 Bd7　15. g3 b5　16. Bd5 Bc6　17. Bc5 B×d5　18. R×d5 Nd7 19. b4 a5

走 19. ⋯ Nb6 较好，白方如果不吃这个马，则进马到 c4 格。

20. a3 a×b4　21. a×b4 Ra1+　22. Kf2 Rc1　23. Kg2 N×c5　24. b×c5 b4 25. Ne2 Rc2　26. Kf2 b3　27. Rb1 b2　28. Ke1 f6　29. Kd1 Rc4　30. R×b2 Kf7　31. Rb7+ Ke6　32. Re7#

将杀。

上一步棋黑方如果走 31. ⋯ Kf8，则 32. d7 拱死马胜。

第五部分　王兵残局最佳着法

以下残局盘面，双方应对正确是和棋。和棋的方法是每一方都应保持一个兵在原位不动。哪一方走动了所有的兵，哪一方就会输棋，因为对方可利用未动兵走一格或者走两格赢得关键步。

1. a4 Kd7　2. a5 Kc6　3. c4 h5　4. b4 g5　5. Kf2 f5　6. Kg3 h4+　7. Kh3 f4　8. Kg4 Kb7　9. b5 Kc7　10. c5 Kb7　11. b6 Kb8　12. a6 Ka8　13. a7 Kb7　14. c6+ Ka8　15. c7 Kb7　16. a8＝Q+ K×a8　17. c8＝Q#

第六部分　残　局

第一个盘面

白先四步杀。

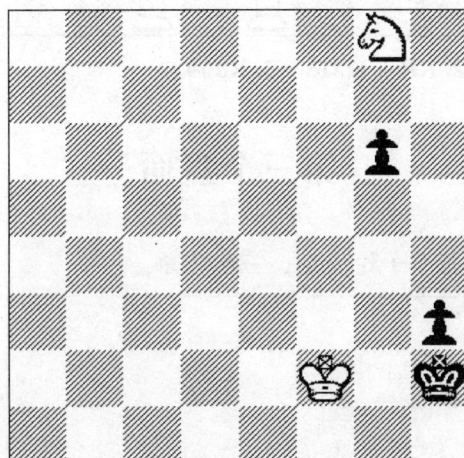

1. Nf6 g5　2. Ng4+ Kh1　3. Kf1 h2　4. Nf2#

第二个盘面

白先三步杀。

1. Ng5+ R×g5   2. Rf6+ K×f6   3. Rd6#

第三个盘面

白方先走，必须三个子轮流走，三步将杀。

1. Rf1 Ke8   2. Kf6 Kf8   3. Rd8#

也可以变化如下：

1. Rd1 Ke8 2. Kd6 Kd8 3. Rf8#

第四个盘面

白先胜。

白方可以通过如下走法取胜：

1. Kf4 f1＝Q+ 2. Kg3

将形成两步杀。

白方也可以通过走 1. Qe3 或者 1. Qg5+取胜。

第五个盘面

白先四步杀。

格雷科提供的原图没有白王，因为无须王的帮助就可以将杀。

1. Nf7+ Ke6　2. Nh7 Ke7　3. Nh6 Ke8/6　4. Rfe4#

也有另一种胜法：

1. Nd7+ Ke6　2. Nb7 Ke7　3. Nb6 Ke8/6　4. Rde4#